Okusi Zdravlja

Kuharica s Niskim Natrijevim Sadržajem za Zdrav Život

Ana Petrović

Sadržaj

Maslac od kikirikija Zob 12

Pogačice s orasima i voćem 13

Banana kolačići 14

Jabuka Zob 15

Mafini od borovnice 16

Palačinke od kokosa 18

Palačinke s borovnicama 19

Parfe od bundeve 20

Vafli od batata 21

francuski tost 22

Kakao zob.. 23

Mango zobena kaša 24

Trešnje i kruške Zobene pahuljice 25

Zdjele od oraha i naranče 26

Pečene breskve i vrhnje 27

Jabuke i zdjelice za jogurt 28

Zobene pahuljice od manga i nara 29

Zdjelice od chia sjemenki i nara... 30

Haš od jaja i mrkve 31

Omlet s paprikom 32

Fritata od peršina 33

Pečena jaja i artičoke 34

Tepsija od graha i jaja 35

Kurkuma Cheesy Scramble 36

Hash browns i povrće 37

Rižoto od slanine od vlasca 39

Cimet, pistacije, kvinoja 40

Mješavina jogurta od višanja 41

Mješavina šljiva i kokosa 42

Jogurt od jabuke 43

Zdjelice od jagoda i zobi 44

Mješavina javora breskve 45

Riža s cimetom i datulje 46

Jogurt od smokava, kruške i nara 47

Kaša od muškatnog oraščića od jagoda 48

Kremasta riža i bobičasto voće 49

Vanilija kokosova riža 50

Kokosova riža i trešnje 51

Mješavina riže s đumbirom 52

Čili kobasica 53

Zdjelice od riže s gljivama 54

Jaja od rajčice i špinata 55

Omlet sa sezamom 56

Zobene pahuljice od tikvica 57

Posuda od badema i kokosa 58

Topla salata od slanutka 59

Kakao puding od prosa 61

Chia puding 62

Puding od tapioke 63

Cheddar Hash 64

Salata od snježnog graška 65

Mješavina kvinoje i slanutka 66

Salata od maslina i paprike 67

Mješavina zelenih mahuna i jaja 68

Salata od mrkve i jaja 69

Kremaste bobice 70

Zdjelice za jabuke i grožđice 71

Heljdina kaša od đumbira 72

Salata od cvjetače i paprike 73

Piletina i prženo meso 74

Dash dijetni recepti za ručak

Burritos od crnog graha 76

Mješavina piletine i manga 77

Kolači od slanutka 78

Salsa i zdjele od cvjetače 79

Salata od lososa i špinata 80

Mješavina piletine i kelja 81

Salata s lososom i rukolom 82

Salata s kozicama i povrćem 83

Puretina i zamotuljci od papra 84

Juha od zelenog graha 85

Salata od avokada, špinata i maslina 86

Tava s junetinom i tikvicama 87

Majčina dušica govedina i krumpir mix 88

Juha od svinjetine i mrkve 89

Salata od kozica i jagoda 90

Salata s kozicama i zelenim grahom 91

Tacosi od ribe 92

Kolači od tikvica 93
Varivo od slanutka i rajčice 94
Salata od piletine, rajčice i špinata 95
Zdjelice za šparoge i papar 96
Zagrijte juneći gulaš 97
Svinjski kotleti s gljivama 98
Salata od korijandera i kozica 99
Varivo od patlidžana 100
Mješavina govedine i graška 101
Pureći paprikaš 102
Goveđa salata 103
Varivo od tikvica 105
Mješavina kupusa i govedine 106
Gulaš od svinjetine i mahuna 107
Krem juha od tikvica 108
Salata s kozicama i grožđem 109
Kurkuma krema od mrkve 110
Juha od govedine i crnog graha 111
Zdjelice za losos i škampe 113
Umak od piletine i češnjaka 114
Varivo od piletine i patlidžana s kurkumom 115
Mješavina piletine i endivije 116
Pureća juha 117
Zeleno pirjanje od senfa 118
Bok Choy mješavina 119
Mješavina zelenih mahuna i patlidžana 120
Mješavina maslina i artičoka 121

Umak od kurkume i papra 122

Raširene leće 123

Pečeni orasi 124

Kvadrati brusnice 125

Stabljike cvjetače 126

Zdjelice za bademe i sjemenke 127

Čips 128

Umak od kelja 129

Čips od cikle 130

Umak od tikvica 131

Mješavina sjemenki i jabuke 132

Namaz od bundeve 133

Namaz od špinata 134

Salsa od maslina i korijandera 135

Umak od vlasca i cikle 136

Salsa od krastavaca 137

Umak od slanutka 138

Umak od maslina 139

Kokosov umak od luka 140

Umak od pinjola i kokosa 141

Salsa od rikule i krastavaca 142

Umak od sira 143

Paprika Jogurt Dip 144

Salsa od cvjetače 145

Širenje putovanja 146

Salsa od breskve 147

Čips od mrkve 148

Zalogaji šparoga	149
Zdjelice od pečenih smokava	150
Salsa od kupusa i škampa	151
Kriške avokada	152
Dip od limuna	153
Umak od batata	154
Salsa od graha	155
Salsa od zelenog graha	156
Namaz od mrkve	157
Umak od rajčice	158
Zdjelice za losos	159
Salsa od rajčice i kukuruza	160
Pečene gljive	161
Grah s maslacem	162
Salsa od korijandera i komorača	163
Zalogaji prokulice	164
Balzamični zalogaji oraha	165
Čips od rotkvica	166
Salata od poriluka i kozica	167
Umak od poriluka	168
Slatka paprika	169
Namaz od avokada	170
Umak od kukuruza	171
Šipke od graha	172
Mješavina sjemenki bundeve i čipsa od jabuke	173
Umak od rajčica i jogurta	174
Zdjelice od kajenske repe	175

Zdjelice s orasima i pekan pekan 176

Muffini s lososom od peršina 177

Loptice za squash 178

Zdjelice od sira i bisernog luka 179

Pločice brokule 180

Salsa od ananasa i rajčice 181

Mješavina puretine i artičoka 182

Mješavina purećeg origana 183

Narančasta piletina 184

Puretina s češnjakom i gljive 185

Tava s piletinom i maslinama 186

Mješavina balzamične puretine i breskve 187

Kokosova piletina i špinat 188

Mješavina piletine i šparoga 189

Puretina i kremasta brokula 190

Mješavina zelenih mahuna s piletinom i koprom 191

Piletina i čili tikvice 192

Mješavina avokada i piletine 194

Turska i Bok Choy 195

Piletina sa mješavinom crvenog luka 196

Vruća puretina i riža 197

Limun poriluk i piletina 199

Puretina sa mješavinom savojskog kupusa 200

Piletina sa paprikom 201

Umak od piletine i senfa 203

Mješavina piletine i celera 204

Purica od limete s mladim krumpirom 205

Piletina sa senfom 207

Pečena piletina i jabuke 209

Chipotle piletina 211

Herbed Puretina 213

Umak od piletine i đumbira 214

Piletina i kukuruz 215

Curry puretina i kvinoja 216

Puretina i kumin pastrnjak 217

Puretina i cilantro slanutak 218

Purica s grahom i maslinama 220

Kvinoja od piletine i rajčice 221

Sve vrste pilećih krilaca 222

Piletina i snježni grašak 223

Maslac od kikirikija Zob

Vrijeme pripreme: 6 sati i 10 minuta

Vrijeme pripreme: 0 minuta
Porcije: 1

Sastojci:
- 1 žlica chia sjemenki
- ½ šalice bademovog mlijeka
- 2 žlice prirodnog maslaca od kikirikija
- 1 žlica stevije
- ½ šalice zobi bez glutena
- 2 žlice malina

Upute:
1. Zob zajedno sa chia sjemenkama i ostalim sastojcima osim malina stavite u staklenku, malo promiješajte, poklopite i stavite u hladnjak na 6 sati.
2. Pospite malinama i poslužite za doručak.

Prehrana: kalorija 454, masti 23,9, vlakna 12, ugljikohidrati 50,9, proteini 14,6

Pogačice s orasima i voćem

Vrijeme pripreme: 10 minuta
Vrijeme pripreme: 12 minuta
Porcije: 8

Sastojci:
- 2 šalice bademovog brašna
- ½ žličice praška za pecivo
- ¼ šalice sušenih brusnica
- ¼ šalice sjemenki suncokreta
- ¼ šalice nasjeckanih marelica
- ¼ šalice nasjeckanih oraha
- ¼ šalice sjemenki sezama
- 2 žlice stevije
- 1 jaje, tučeno

Upute:
1. Brašno zajedno s praškom za pecivo, brusnicama i ostalim sastojcima stavite u zdjelu i dobro promiješajte.
2. Oblikujte četvrtasto tijesto, razvaljajte na pobrašnjenoj radnoj površini i izrežite na 16 kvadrata.
3. Složite kvadrate na lim za pečenje obložen papirom za pečenje i pecite pogačice na 350 stupnjeva F 12 minuta.
4. Pogačice poslužite za doručak.

Prehrana: kalorija 238, masti 19,2, vlakna 4,1, ugljikohidrati 8,6, proteini 8,8

Banana kolačići

Vrijeme pripreme: 10 minuta
Vrijeme pripreme: 15 minuta
Porcije: 12

Sastojci:
- 1 šalica maslaca od badema
- ¼ šalice stevije
- 1 žličica ekstrakta vanilije
- 2 banane, oguljene i zgnječene
- 2 šalice bezglutenske zobi
- 1 žličica cimeta u prahu
- 1 šalica nasjeckanih badema
- ½ šalice grožđica

Upute:
1. Maslac zajedno sa stevijom i ostalim sastojcima stavite u zdjelu i dobro izmiješajte ručnim mikserom.
2. Kalupe srednje veličine od ove smjese sipajte u tepsiju obloženu papirom za pečenje i malo ih poravnajte.
3. Kuhajte ih na 325 stupnjeva F 15 minuta i poslužite za doručak.

Prehrana: kalorija 280, masti 16, vlakna 4, ugljikohidrati 29, proteini 8

Jabuka Zob

Vrijeme pripreme: 10 minuta
Vrijeme pripreme: 7 sati
Porcije: 4

Sastojci:
- 2 jabuke, oguljene i narezane na kockice
- 1 šalica zobi bez glutena
- 1 i ½ dl vode
- 1 i ½ dl bademovog mlijeka
- 2 žlice
- 2 žlice maslaca od badema
- ½ žličice cimeta u prahu
- 1 žlica mljevenog lanenog sjemena
- Sprej za kuhanje

Upute:
1. Lonac za sporo kuhanje namažite sprejom za kuhanje i u njega stavite zobene pahuljice zajedno s vodom i ostalim sastojcima.
2. Malo okrenite i kuhajte na niskoj temperaturi 7 sati.
3. Podijelite u zdjelice i poslužite za doručak.

Prehrana: kalorija 149, masti 3,6, vlakna 3,9, ugljikohidrati 27,3, proteini 4,9

Mafini od borovnice

Vrijeme pripreme: 10 minuta
Vrijeme pripreme: 25 minuta
Porcije: 12

Sastojci:
- 2 banane, oguljene i zgnječene
- 1 šalica bademovog mlijeka
- 1 žličica ekstrakta vanilije
- ¼ šalice čistog javorovog sirupa
- 1 žličica jabučnog octa
- ¼ šalice kokosovog ulja, otopljenog
- 2 šalice bademovog brašna
- 4 žlice kokosovog šećera
- 2 žličice cimeta u prahu
- 2 žličice praška za pecivo
- 2 šalice borovnica
- ½ žličice praška za pecivo
- ½ šalice nasjeckanih oraha

Upute:
1. Banane zajedno s bademovim mlijekom, vanilijom i ostalim sastojcima stavite u zdjelu i dobro umutite.
2. Podijelite smjesu u 12 kalupa za muffine i pecite ih na 350 stupnjeva F 25 minuta.
3. Muffine poslužite za doručak.

Prehrana: kalorija 180, masti 5, vlakna 2, ugljikohidrati 31, proteini 4

Palačinke od kokosa

Vrijeme pripreme: 10 minuta
Vrijeme pripreme: 6 minuta
Porcije: 12

Sastojci:
- 1 šalica bademovog brašna
- 1 žlica mljevenog lanenog sjemena
- 2 šalice kokosovog mlijeka
- 2 žlice kokosovog ulja, otopljenog
- 1 žličica cimeta u prahu
- 2 žličice stevije

Upute:
1. U zdjeli pomiješajte brašno s lanenim sjemenkama, mlijekom, polovicom ulja, cimetom i stevijom i dobro umutite.
2. Zagrijte tavu s ostatkom ulja na srednje jakoj vatri, dodajte ¼ šalice tijesta za palačinke, rasporedite ga po tavi, pržite 2-3 minute sa svake strane i prebacite na tanjur.
3. Ponovite s ostatkom tijesta za palačinke i poslužite ih za doručak.

Prehrana: kalorija 71, masti 3, vlakna 1, ugljikohidrati 8, proteini 1

Palačinke s borovnicama

Vrijeme pripreme: 10 minuta
Vrijeme pripreme: 7 minuta
Porcije: 12

Sastojci:
- 2 jaja, istučena
- 4 žlice bademovog mlijeka
- 1 šalica punomasnog jogurta
- 3 žlice kokosovog maslaca, otopljenog
- ½ žličice ekstrakta vanilije
- 1 i ½ dl bademovog brašna
- 2 žlice stevije
- 1 šalica borovnica
- 1 žlica ulja avokada

Upute:
1. U zdjeli pomiješajte jaja s bademovim mlijekom i ostalim sastojcima osim ulja i dobro umutite.
2. Zagrijte tavu s uljem na srednje jakoj vatri, dodajte ¼ šalice tijesta, rasporedite ga po tavi, kuhajte 4 minute, okrenite, kuhajte još 3 minute i prebacite na tanjur.
3. Ponovite s ostatkom tijesta i poslužite palačinke za doručak.

Prehrana: kalorija 64, masti 4,4, vlakna 1,1, ugljikohidrati 4,7, proteini 1,8

Parfe od bundeve

Vrijeme pripreme: 10 minuta
Vrijeme pripreme: 0 minuta
Porcije: 4

Sastojci:
- ¼ šalice indijskih oraščića
- ½ šalice vode
- 2 žličice začina za pitu od bundeve
- 2 šalice pirea od bundeve
- 2 žlice javorovog sirupa
- 1 kruška, oguljena i nasjeckana
- 2 šalice kokosovog jogurta

Upute:
1. U blenderu pomiješajte indijske oraščiće s vodom i ostalim sastojcima osim jogurta i dobro promiješajte.
2. Jogurt rasporedite u zdjelice, po vrhu također rasporedite kremu od bundeve i poslužite.

Prehrana: kalorija 200, masti 6,4, vlakna 5,1, ugljikohidrati 32,9, proteini 5,5

Vafli od batata

Vrijeme pripreme: 10 minuta
Vrijeme pripreme: 10 minuta
Porcije: 6

Sastojci:
- ½ šalice slatkog krumpira, kuhanog, oguljenog i naribanog
- 1 šalica bademovog mlijeka
- 1 šalica zobi bez glutena
- 2 jaja, istučena
- 1 žlica meda
- ¼ žličice praška za pecivo
- 1 žlica maslinovog ulja
- Sprej za kuhanje

Upute:
1. U zdjeli pomiješajte batat s bademovim mlijekom i ostalim sastojcima osim spreja za kuhanje i dobro umutite.
2. Pekač za vafle namažite sprejom za kuhanje i ulijte 1/3 tijesta u svaki kalup.
3. Kuhajte vafle 3-4 minute i poslužite ih za doručak.

Prehrana: kalorija 352, masti 22,4, vlakna 6,7, ugljikohidrati 33,4, proteini 8,4

francuski tost

Vrijeme pripreme: 10 minuta
Vrijeme pripreme: 5 minuta
Porcije: 2

Sastojci:
- 4 kriške integralnog kruha
- 2 žlice kokosovog šećera
- ½ šalice kokosovog mlijeka
- 2 jaja, istučena
- 1 žličica ekstrakta vanilije
- Sprej za kuhanje

Upute:
1. U zdjeli pomiješajte šećer s mlijekom, jajima i vanilijom i dobro umutite.
2. Svaku krišku kruha umočite u ovu smjesu.
3. Zagrijte tavu namazanu sprejom za kuhanje na srednje jakoj vatri, dodajte francuski tost, pržite 2-3 minute sa svake strane, podijelite na tanjure i poslužite za doručak.

Prehrana: kalorija 508, masti 30,8, vlakna 7,1, ugljikohidrati 55,1, proteini 16,2

Kakao zob

Vrijeme pripreme: 10 minuta
Vrijeme pripreme: 20 minuta
Porcije: 4

Sastojci:
- 2 šalice bademovog mlijeka
- 1 šalica starinske zobi
- 2 žlice kokosovog šećera
- 1 žličica kakaa u prahu
- 2 žličice ekstrakta vanilije

Upute:
1. Zagrijte posudu s mlijekom na srednje jakoj vatri, dodajte zob i ostale sastojke, zakuhajte i kuhajte 20 minuta.
2. Zob razdijelite u zdjelice i poslužite tople za doručak.

Prehrana: kalorija 406, masti 30, vlakna 4,8, ugljikohidrati 30,2, proteini 6

Mango zobena kaša

Vrijeme pripreme: 10 minuta
Vrijeme pripreme: 20 minuta
Porcije: 4

Sastojci:
- 2 šalice kokosovog mlijeka
- 1 šalica starinske zobi
- 1 šalica manga, oguljenog i narezanog na kockice
- 3 žlice maslaca od badema
- 2 žlice kokosovog šećera
- ½ žličice ekstrakta vanilije

Upute:
1. Mlijeko stavite u šerpu, zagrijte na srednje jakoj vatri, dodajte zobene pahuljice i ostale sastojke, promiješajte, pustite da zakuha i kuhajte 20 minuta.
2. Zobene pahuljice promiješajte, podijelite u zdjelice i poslužite.

Prehrana: kalorija 531, masti 41,8, vlakna 7,5, ugljikohidrati 42,7, proteini 9,3

Trešnje i kruške Zobene pahuljice

Vrijeme pripreme: 10 minuta
Vrijeme pripreme: 10 minuta
Porcije: 6

Sastojci:
- 2 šalice starinske zobi
- 3 šalice bademovog mlijeka
- 2 i ½ žlice kakaa u prahu
- 1 žličica ekstrakta vanilije
- 10 unci trešanja bez koštice
- 2 kruške, oguljene i narezane na kockice

Upute:
1. Pomiješajte zob s mlijekom i ostalim sastojcima u ekspres loncu, okrenite, poklopite i kuhajte na visokoj temperaturi 10 minuta.
2. Prirodno otpustite pritisak 10 minuta, još jednom promiješajte zobene pahuljice, podijelite u zdjelice i poslužite.

Prehrana: kalorija 477, masti 30,7, vlakna 8,3, ugljikohidrati 49,6, proteini 7

Zdjele od oraha i naranče

Vrijeme pripreme: 10 minuta
Vrijeme pripreme: 20 minuta
Porcije: 4

Sastojci:
- 1 šalica zobenih zobi
- 2 šalice soka od naranče
- 2 žlice kokosovog maslaca, otopljenog
- 2 žlice stevije
- 3 žlice nasjeckanih oraha oraha
- ¼ žličice ekstrakta vanilije

Upute:
1. Zagrijte tavu s narančinim sokom na srednje jakoj vatri, dodajte zobene zobi, maslac i ostale sastojke, umutite, pirjajte 20 minuta, podijelite u zdjelice i poslužite za doručak.

Prehrana: kalorija 288, masti 39,1, vlakna 3,4, ugljikohidrati 48,3, proteini 4,7

Pečene breskve i vrhnje

Vrijeme pripreme: 10 minuta
Vrijeme pripreme: 20 minuta
Porcije: 4

Sastojci:
- 2 šalice kokosovog vrhnja
- 1 žličica cimeta u prahu
- 1/3 šalice palminog šećera
- 4 breskve očistite od koštica i narežite na kriške
- Sprej za kuhanje

Upute:
1. Namažite posudu za pečenje sprejom za pečenje i stavite breskve zajedno s ostalim sastojcima.
2. Pecite ovo na 360 stupnjeva F 20 minuta, podijelite u zdjelice i poslužite za doručak.

Prehrana: kalorija 338, masti 29,2, vlakna 4,9, ugljikohidrati 21, proteini 4,2

Jabuke i zdjelice za jogurt

Vrijeme pripreme: 10 minuta
Vrijeme pripreme: 15 minuta
Porcije: 4

Sastojci:
- 1 šalica zobenih zobi
- 1 i ½ dl bademovog mlijeka
- 1 šalica jogurta bez masnoće
- ¼ šalice javorovog sirupa
- 2 jabuke, oguljene i nasjeckane
- ½ žličice cimeta u prahu

Upute:
1. U loncu pomiješajte zob s mlijekom i ostalim sastojcima osim jogurta, promiješajte, zakuhajte i kuhajte na srednje jakoj vatri 15 minuta.
2. Jogurt rasporedite u zdjelice, po vrhu rasporedite jabuke i zobene pahuljice i poslužite za doručak.

Prehrana: kalorija 490, masti 30,2, vlakna 7,4, ugljikohidrati 53,9, proteini 7

Zobene pahuljice od manga i nara

Vrijeme pripreme: 10 minuta
Vrijeme pripreme: 20 minuta
Porcije: 4

Sastojci:
- 3 šalice bademovog mlijeka
- 1 šalica zobenih zobi
- 1 žlica cimeta u prahu
- 1 mango, oguljen i narezan na kockice
- ½ žličice ekstrakta vanilije
- 3 žlice sjemenki nara

Upute:
1. Stavite mlijeko u šerpu i zagrijte ga na srednje jakoj vatri.
2. Dodajte zob, cimet i ostale sastojke, promiješajte, ostavite da lagano kuha 20 minuta, podijelite u zdjelice i poslužite za doručak.

Prehrana: kalorija 568, masti 44,6, vlakna 7,5, ugljikohidrati 42,5, proteini 7,8

Zdjelice od chia sjemenki i nara

Vrijeme pripreme: 10 minuta
Vrijeme pripreme: 20 minuta
Porcije: 4

Sastojci:
- ½ šalice zobenih zobi
- 2 šalice bademovog mlijeka
- ¼ šalice sjemenki nara
- 4 žlice chia sjemenki
- 1 žličica ekstrakta vanilije

Upute:
1. Mlijeko stavite u šcrpu, zakuhajte na srednjoj vatri, dodajte zob i ostale sastojke, zakuhajte i kuhajte 20 minuta.
2. Smjesu podijelite u zdjelice i poslužite za doručak.

Prehrana: kalorija 462, masti 38, vlakna 13,5, ugljikohidrati 27,1, proteini 8,8

Haš od jaja i mrkve

Vrijeme pripreme: 10 minuta
Vrijeme pripreme: 20 minuta
Porcije: 4

Sastojci:
- 2 mrkve oguljene i narezane na kockice
- 1 žlica maslinovog ulja
- 1 žuti luk nasjeckan
- 1 šalica nemasnog cheddar sira, naribanog
- 8 jaja, istučenih
- 1 šalica kokosovog mlijeka
- Prstohvat soli i crnog papra

Upute:
1. Zagrijte tavu s uljem na srednjoj vatri, dodajte luk i mrkvu, okrenite i pržite 5 minuta.
2. Dodajte jaja i ostale sastojke, promiješajte, kuhajte 15 minuta uz često miješanje, podijelite na tanjure i poslužite.

Prehrana: kalorija 431, masti 35,9, vlakna 2,7, ugljikohidrati 10, proteini 20

Omlet s paprikom

Vrijeme pripreme: 10 minuta
Vrijeme pripreme: 15 minuta
Porcije: 4

Sastojci:
- 4 jaja, istučena
- Prstohvat crnog papra
- ¼ šalice nasjeckane slanine s niskim sadržajem natrija
- 1 žlica maslinovog ulja
- 1 šalica nasjeckane crvene paprike
- 4 mlada luka nasjeckana
- ¾ šalice nemasnog sira, naribanog

Upute:
1. Zagrijte tavu s uljem na srednje jakoj vatri, dodajte mladi luk i papriku, okrenite i kuhajte 5 minuta.
2. Dodajte jaja i ostale sastojke, okrenite, rasporedite po tavi, kuhajte 5 minuta, okrenite, kuhajte još 5 minuta, podijelite na tanjure i poslužite.

Prehrana: kalorija 288, masti 18, vlakna 0,8, ugljikohidrati 4, proteini 13,4

Fritata od peršina

Vrijeme pripreme: 10 minuta
Vrijeme pripreme: 20 minuta
Porcije: 4

Sastojci:
- Prstohvat crnog papra
- 4 jaja, istučena
- 2 žlice nasjeckanog peršina
- 1 žlica nemasnog sira, naribanog
- 1 glavica crvenog luka nasjeckana
- 1 žlica maslinovog ulja

Upute:
1. Zagrijte tavu s uljem na srednje jakoj vatri, dodajte luk i crni papar, promiješajte i pržite 5 minuta.
2. Dodajte jaja pomiješana s ostalim sastojcima, rasporedite ih po tavi, stavite u pećnicu i pecite na 360 stupnjeva F 15 minuta.
3. Fritatu podijelite na tanjure i poslužite.

Prehrana: kalorija 112, masti 8,5, vlakna 0,7, ugljikohidrati 3,1, proteini 6,3

Pečena jaja i artičoke

Vrijeme pripreme: 5 minuta
Vrijeme pripreme: 20 minuta
Porcije: 4

Sastojci:
- 4 jaja
- 4 kriške nemasnog cheddara, nasjeckanog
- 1 žuti luk nasjeckan
- 1 žlica ulja avokada
- 1 žlica korijandera, nasjeckanog
- 1 šalica konzerviranih artičoka bez dodane soli, ocijeđenih i nasjeckanih

Upute:
1. Namažite 4 ramke s uljem, podijelite luk u svaku, razbijte jaje u svaku rampe, dodajte artičoke i na vrh stavite cilantro i cheddar sir.
2. Stavite ramekine u pećnicu i pecite na 380 stupnjeva F 20 minuta.
3. Pečena jaja poslužite za doručak.

Prehrana: kalorija 178, masti 10,9, vlakna 2,9, ugljikohidrati 8,4, proteini 14,2

Tepsija od graha i jaja

Vrijeme pripreme: 10 minuta
Vrijeme pripreme: 30 minuta
Porcije: 8

Sastojci:
- 8 jaja, istučenih
- 2 glavice crvenog luka nasjeckane
- 1 crvena paprika, nasjeckana
- 4 unce konzerviranog crnog graha, bez dodane soli, ocijeđen i ispran
- ½ šalice zelenog luka, nasjeckanog
- 1 šalica nemasnog sira mozzarella, nasjeckanog
- Sprej za kuhanje

Upute:
1. Namažite posudu za pečenje sprejom za kuhanje i po njoj rasporedite crni grah, luk, mladi luk i papriku.
2. Dodajte jaja pomiješana sa sirom, stavite u pećnicu i pecite na 380 stupnjeva F 30 minuta.
3. Smjesu podijelite na tanjure i poslužite za doručak.

Prehrana: kalorija 140, masti 4,7, vlakna 3,4, ugljikohidrati 13,6, proteini 11,2

Kurkuma Cheesy Scramble

Vrijeme pripreme: 10 minuta
Vrijeme pripreme: 15 minuta
Porcije: 4

Sastojci:
- 3 žlice nemasne mozzarelle, nasjeckane
- Prstohvat crnog papra
- 4 jaja, istučena
- 1 crvena paprika, nasjeckana
- 1 žličica kurkume u prahu
- 1 žlica maslinovog ulja
- 2 ljutike, nasjeckane

Upute:
1. Zagrijte tavu s uljem na srednje jakoj vatri, dodajte ljutiku i papriku, promiješajte i pržite 5 minuta.
2. Dodajte jaja pomiješana s ostalim sastojcima, promiješajte, kuhajte 10 minuta, sve podijelite na tanjure i poslužite.

Prehrana: kalorija 138, masti 8, vlakna 1,3, ugljikohidrati 4,6, proteini 12

Hash browns i povrće

Vrijeme pripreme: 10 minuta
Vrijeme pripreme: 20 minuta
Porcije: 4

Sastojci:
- 1 žlica maslinovog ulja
- 4 jaja, istučena
- 1 šalica hash browna
- ½ šalice nemasnog sira cheddar, naribanog
- 1 manja glavica žutog luka nasjeckana
- Prstohvat crnog papra
- ½ zelene paprike, nasjeckane
- ½ crvene paprike, nasjeckane
- 1 mrkva, nasjeckana
- 1 žlica korijandera, nasjeckanog

Upute:
1. Zagrijte tavu s uljem na srednje jakoj vatri, dodajte luk i prženo povrće i kuhajte 5 minuta.
2. Dodajte papriku i mrkvu, okrenite i kuhajte još 5 minuta.
3. Dodajte jaje, crni papar i sir, promiješajte i kuhajte još 10 minuta.
4. Dodajte cilantro, promiješajte, kuhajte još par sekundi, sve rasporedite po tanjurima i poslužite za doručak.

Prehrana: kalorija 277, masti 17,5, vlakna 2,7, ugljikohidrati 19,9, proteini 11

Rižoto od slanine od vlasca

Vrijeme pripreme: 10 minuta
Vrijeme pripreme: 25 minuta
Porcije: 4

Sastojci:
- 3 kriške slanine s niskim sadržajem natrija, nasjeckane
- 1 žlica ulja avokada
- 1 šalica bijele riže
- 1 glavica crvenog luka nasjeckana
- 2 šalice pilećeg temeljca s niskim sadržajem natrija
- 2 žlice nemasnog parmezana, naribanog
- 1 žlica nasjeckanog vlasca
- Prstohvat crnog papra

Upute:
1. Zagrijte tavu s uljem na srednje jakoj vatri, dodajte luk i slaninu, promiješajte i kuhajte 5 minuta.
2. Dodajte rižu i ostale sastojke, promiješajte, zakuhajte i kuhajte na srednjoj vatri 20 minuta.
3. Smjesu promiješajte, podijelite u zdjelice i poslužite za doručak.

Prehrana: kalorija 271, masti 7,2, vlakna 1,4, ugljikohidrati 40, proteini 9,9

Cimet, pistacije, kvinoja

Vrijeme pripreme: 5 minuta
Vrijeme pripreme: 10 minuta
Porcije: 4

Sastojci:
- 1 i ½ dl vode
- 1 žličica cimeta u prahu
- 1 i ½ dl kvinoje
- 1 šalica bademovog mlijeka
- 1 žlica kokosovog šećera
- ¼ šalice nasjeckanih pistacija

Upute:
1. U lonac stavite vodu i bademovo mlijeko, zakuhajte na srednjoj vatri, dodajte kvinoju i ostale sastojke, umutite, kuhajte 10 minuta, podijelite u zdjelice, ohladite i poslužite za doručak.

Prehrana: kalorije 222, masti 16,7, vlakna 2,5, ugljikohidrati 16,3, proteini 3,9

Mješavina jogurta od višanja

Vrijeme pripreme: 10 minuta
Vrijeme pripreme: 0 minuta
Porcije: 4

Sastojci:
- 4 šalice jogurta bez masnoće
- 1 šalica trešanja, očišćenih od koštica i prepolovljenih
- 4 žlice kokosovog šećera
- ½ žličice ekstrakta vanilije

Upute:
1. U posudi pomiješajte jogurt s višnjama, šećerom i vanilijom, promiješajte i ostavite u hladnjaku 10 minuta.
2. Podijelite u zdjelice i poslužite doručak.

Prehrana: kalorija 145, masti 0, vlakna 0,1, ugljikohidrati 29, proteini 2,3

Mješavina šljiva i kokosa

Vrijeme pripreme: 10 minuta
Vrijeme pripreme: 15 minuta
Porcije: 4

Sastojci:
- 4 šljive očišćene od koštica i prepolovljene
- 3 žlice kokosovog ulja, otopljenog
- ½ žličice cimeta u prahu
- 1 šalica kokosovog vrhnja
- ¼ šalice nezaslađenog kokosa, nasjeckanog
- 2 žlice sjemenki suncokreta, prženih

Upute:
1. Pomiješajte žumanjke s uljem, cimetom i ostalim sastojcima u posudi za pečenje, stavite ih u pećnicu i pecite ih na 380 stupnjeva F 15 minuta.
2. Sve to podijelite u zdjelice i poslužite.

Prehrana: kalorije 282, masti 27,1, vlakna 2,8, ugljikohidrati 12,4, proteini 2,3

Jogurt od jabuke

Vrijeme pripreme: 10 minuta
Vrijeme pripreme: 0 minuta
Porcije: 4

Sastojci:
- 6 jabuka, bez koštice i pasirane
- 1 šalica prirodnog soka od jabuke
- 2 žlice kokosovog šećera
- 2 šalice jogurta bez masti
- 1 žličica cimeta u prahu

Upute:
1. Jabuke stavite u zdjelu zajedno sa sokom od jabuke i ostalim sastojcima, promiješajte, podijelite u zdjelice i stavite u hladnjak na 10 minuta prije posluživanja.

Prehrana: kalorija 289, masti 0,6, vlakna 8,7, ugljikohidrati 68,5, proteini 3,9

Zdjelice od jagoda i zobi

Vrijeme pripreme: 10 minuta
Vrijeme pripreme: 20 minuta
Porcije: 4

Sastojci:

- 1 i ½ dl zobenih pahuljica bez glutena
- 2 i ¼ šalice bademovog mlijeka
- ½ žličice ekstrakta vanilije
- 2 šalice narezanih jagoda
- 2 žlice kokosovog šećera

Upute:

1. Mlijeko stavite u šerpu, zakuhajte na srednjoj vatri, dodajte zob i ostale sastojke, promiješajte, kuhajte 20 minuta, podijelite u zdjelice i poslužite za doručak.

Prehrana: kalorija 216, masti 1,5, vlakna 3,4, ugljikohidrati 39,5, proteini 10,4

Mješavina javora breskve

Vrijeme pripreme: 10 minuta
Vrijeme pripreme: 15 minuta
Porcije: 4

Sastojci:
- 4 breskve, izvadite košticu i narežite na kockice
- ¼ šalice javorovog sirupa
- ¼ žličice ekstrakta badema
- ½ šalice bademovog mlijeka

Upute:
1. U šerpu stavite bademovo mlijeko, zakuhajte na srednjoj vatri, dodajte breskve i ostale sastojke, promiješajte, kuhajte 15 minuta, podijelite u zdjelice i poslužite za doručak.

Prehrana: kalorija 180, masti 7,6, vlakna 3, ugljikohidrati 28,9, proteini 2,1

Riža s cimetom i datulje

Vrijeme pripreme: 10 minuta
Vrijeme pripreme: 20 minuta
Porcije: 4

Sastojci:

- 1 šalica bijele riže
- 2 šalice bademovog mlijeka
- 4 datulje nasjeckane
- 2 žlice cimeta u prahu
- 2 žlice kokosovog šećera

Upute:

1. Pomiješajte rižu s mlijekom i ostalim sastojcima u loncu, zakuhajte i kuhajte na srednjoj vatri 20 minuta.
2. Ponovno promiješajte smjesu, podijelite u zdjelice i poslužite za doručak.

Prehrana: kalorija 516, masti 29, vlakna 3,9, ugljikohidrati 59,4, proteini 6,8

Jogurt od smokava, kruške i nara

Vrijeme pripreme: 10 minuta
Vrijeme pripreme: 0 minuta
Porcije: 4

Sastojci:
- 1 šalica smokava, prepolovljenih
- 1 kruška, očišćena od koštice i narezana na kockice
- ½ šalice sjemenki nara
- ½ šalice kokosovog šećera
- 2 šalice jogurta bez masti

Upute:
1. U zdjelu pomiješajte smokve s jogurtom i ostalim sastojcima, promiješajte, podijelite u zdjelice i poslužite za doručak.

Prehrana: kalorije 223, masti 0,5, vlakna 6,1, ugljikohidrati 52, proteini 4,5

Kaša od muškatnog oraščića od jagoda

Vrijeme pripreme: 10 minuta
Vrijeme pripreme: 20 minuta
Porcije: 4

Sastojci:
- 4 šalice kokosovog mlijeka
- 1 šalica kukuruznog brašna
- 1 žličica ekstrakta vanilije
- 1 šalica jagoda, prepolovljenih
- ½ žličice mljevenog muškatnog oraščića

Upute:
1. U šerpu stavite mlijeko, zakuhajte na srednjoj vatri, dodajte kukuruznu krupicu i ostale sastojke, promiješajte, kuhajte 20 minuta i skinite s vatre.
2. Kašu podijelite na tanjure i poslužite za doručak.

Prehrana: kalorija 678, masti 58,5, vlakna 8,3, ugljikohidrati 39,8, proteini 8,2

Kremasta riža i bobičasto voće

Vrijeme pripreme: 10 minuta
Vrijeme pripreme: 20 minuta
Porcije: 4

Sastojci:
- 1 šalica smeđe riže
- 2 šalice kokosovog mlijeka
- 1 žlica cimeta u prahu
- 1 šalica kupina
- ½ šalice kokosovog vrhnja, nezaslađenog

Upute:
1. Stavite mlijeko u šerpu, zakuhajte na srednjoj vatri, dodajte rižu i ostale sastojke, kuhajte 20 minuta i podijelite u zdjelice.
2. Poslužite vruće za doručak.

Prehrana: kalorija 469, masti 30,1, vlakna 6,5, ugljikohidrati 47,4, proteini 7

Vanilija kokosova riža

Vrijeme pripreme: 10 minuta
Vrijeme pripreme: 20 minuta
Porcije: 6

Sastojci:
- 2 šalice kokosovog mlijeka
- 1 šalica basmati riže
- 2 žlice kokosovog šećera
- ¾ šalice kokosovog vrhnja
- 1 žličica ekstrakta vanilije

Upute:
1. U tavi pomiješajte mlijeko s rižom i ostalim sastojcima, promiješajte, zakuhajte i kuhajte na srednjoj vatri 20 minuta.
2. Ponovno promiješajte smjesu, podijelite u zdjelice i poslužite za doručak.

Prehrana: kalorije 462, masti 25,3, vlakna 2,2, ugljikohidrati 55,2, proteini 4,8

Kokosova riža i trešnje

Vrijeme pripreme: 10 minuta
Vrijeme pripreme: 25 minuta
Porcije: 4

Sastojci:
- 1 žlica kokosa, nasjeckanog
- 2 žlice kokosovog šećera
- 1 šalica bijele riže
- 2 šalice kokosovog mlijeka
- ½ žličice ekstrakta vanilije
- ¼ šalice trešanja, bez koštica i prepolovljenih
- Sprej za kuhanje

Upute:
1. Mlijeko stavite u lonac, dodajte šećer i kokos, promiješajte i pustite da lagano kuha na srednjoj vatri.
2. Dodajte rižu i ostale sastojke, pustite da lagano kuha 25 minuta uz redovito miješanje, podijelite u zdjelice i poslužite.

Prehrana: kalorija 505, masti 29,5, vlakna 3,4, ugljikohidrati 55,7, proteini 6,6

Mješavina riže s đumbirom

Vrijeme pripreme: 10 minuta
Vrijeme pripreme: 25 minuta
Porcije: 4

Sastojci:
- 1 šalica bijele riže
- 2 šalice bademovog mlijeka
- 1 žlica đumbira, naribanog
- 3 žlice kokosovog šećera
- 1 žličica cimeta u prahu

Upute:
1. Mlijeko stavite u šerpu, zakuhajte na srednjoj vatri, dodajte rižu i ostale sastojke, promiješajte, kuhajte 25 minuta, podijelite u zdjelice i poslužite.

Prehrana: kalorija 449, masti 29, vlakna 3,4, ugljikohidrati 44,6, proteini 6,2

Čili kobasica

Vrijeme pripreme: 10 minuta
Vrijeme pripreme: 35 minuta
Porcije: 4

Sastojci:
- 1 funta hash browna
- 4 jaja, istučena
- 1 glavica crvenog luka nasjeckana
- 1 čili papričica, nasjeckana
- 1 žlica maslinovog ulja
- 6 unci kobasice s niskim sadržajem natrija, nasjeckane
- ¼ žličice čilija u prahu
- Prstohvat crnog papra

Upute:
1. Zagrijte tavu s uljem na srednje jakoj vatri, dodajte luk i kobasicu, promiješajte i pržite 5 minuta.
2. Dodajte hash brown i ostale sastojke osim jaja i papra, promiješajte i kuhajte još 5 minuta.
3. Prelijte jaja pomiješana s crnim paprom preko smjese kobasica, stavite posudu u pećnicu i pecite na 370 stupnjeva F 25 minuta.
4. Smjesu podijelite na tanjure i poslužite za doručak,

Prehrana: kalorija 527, masti 31,3, vlakna 3,8, ugljikohidrati 51,2, proteini 13,3

Zdjelice od riže s gljivama

Vrijeme pripreme: 10 minuta
Vrijeme pripreme: 30 minuta
Porcije: 4

Sastojci:
- 1 glavica crvenog luka nasjeckana
- 1 šalica bijele riže
- 2 češnja češnjaka, mljevena
- 2 žlice maslinovog ulja
- 2 šalice pilećeg temeljca s niskim sadržajem natrija
- 1 žlica korijandera, nasjeckanog
- ½ šalice nemasnog sira cheddar, naribanog
- ½ funte bijelih gljiva, narezanih na ploške
- Dodati papra po ukusu

Upute:
1. Zagrijte tavu s uljem na srednje jakoj vatri, dodajte luk, češnjak i gljive, promiješajte i pržite 5-6 minuta.
2. Dodajte rižu i ostale sastojke, zakuhajte i kuhajte na srednjoj vatri 25 minuta uz redovito miješanje.
3. Smjesu riže podijelite u zdjelice i poslužite za doručak.

Prehrana: kalorija 314, masti 12,2, vlakna 1,8, ugljikohidrati 42,1, proteini 9,5

Jaja od rajčice i špinata

Vrijeme pripreme: 10 minuta
Vrijeme pripreme: 20 minuta
Porcije: 4

Sastojci:
- ½ šalice nemasnog mlijeka
- Crni papar po ukusu
- 8 jaja, istučenih
- 1 šalica mladog špinata, nasjeckanog
- 1 žuti luk nasjeckan
- 1 žlica maslinovog ulja
- 1 šalica cherry rajčica, narezanih na kockice
- ¼ šalice cheddara bez masti, naribanog

Upute:
1. Zagrijte tavu s uljem na srednje jakoj vatri, dodajte luk, promiješajte i pržite 2-3 minute.
2. Dodajte špinat i rajčice, promiješajte i kuhajte još 2 minute.
3. Dodajte jaja pomiješana s mlijekom i crnim paprom i lagano promiješajte.
4. Po vrhu pospite cheddar, stavite posudu u pećnicu i pecite na 390 stupnjeva F 15 minuta.
5. Podijelite na tanjure i poslužite.

Prehrana: kalorija 195, masti 13, vlakna 1,3, ugljikohidrati 6,8, proteini 13,7

Omlet sa sezamom

Vrijeme pripreme: 5 minuta
Vrijeme pripreme: 15 minuta
Porcije: 4

Sastojci:
- 4 jaja, istučena
- Prstohvat crnog papra
- 1 žlica maslinovog ulja
- 1 žličica sjemenki sezama
- 2 mladog luka, nasjeckanog
- 1 žličica slatke paprike
- 1 žlica korijandera, nasjeckanog

Upute:
1. Zagrijte tavu s uljem na srednje jakoj vatri, dodajte mladi luk, promiješajte i pržite 2 minute.
2. Dodati jaja pomiješana sa ostalim sastojcima, malo okrenuti, rasporediti omlet po tavi i kuhati 7 minuta.
3. Okrenite omlet, kuhajte ga još 6 minuta, podijelite na tanjure i poslužite.

Prehrana: kalorija 101, masti 8,3, vlakna 0,5, ugljikohidrati 1,4, proteini 5,9

Zobene pahuljice od tikvica

Vrijeme pripreme: 5 minuta
Vrijeme pripreme: 20 minuta
Porcije: 4

Sastojci:
- 1 šalica zobenih zobi
- 3 šalice bademovog mlijeka
- 1 žlica maslaca bez masnoće
- 2 žličice cimeta u prahu
- 1 žličica začina za pitu od bundeve
- 1 šalica naribanih tikvica

Upute:
1. Zagrijte posudu s mlijekom na srednje jakoj vatri, dodajte zobene pahuljice i ostale sastojke, promiješajte, zakuhajte i kuhajte 20 minuta uz povremeno miješanje.
2. Zobene pahuljice podijelite u zdjelice i poslužite za doručak.

Prehrana: kalorija 508, masti 44,5, vlakna 6,7, ugljikohidrati 27,2, proteini 7,5

Posuda od badema i kokosa

Vrijeme pripreme: 5 minuta
Vrijeme pripreme: 20 minuta
Porcije: 4

Sastojci:
- 2 šalice kokosovog mlijeka
- 1 šalica naribanog kokosa
- ½ šalice javorovog sirupa
- 1 šalica grožđica
- 1 šalica badema
- ½ žličice ekstrakta vanilije

Upute:
1. Mlijeko stavite u šerpu, zakuhajte na srednjoj vatri, dodajte kokos i ostale sastojke i kuhajte 20 minuta uz povremeno miješanje.
2. Smjesu podijelite u zdjelice i poslužite toplu za doručak.

Prehrana: kalorija 697, masti 47,4, vlakna 8,8, ugljikohidrati 70, proteini 9,6

Topla salata od slanutka

Vrijeme pripreme: 5 minuta
Vrijeme pripreme: 15 minuta
Porcije: 4

Sastojci:
- 2 češnja češnjaka, mljevena
- 2 krupno narezane rajčice
- 1 krastavac, grubo narezan na kockice
- 2 ljutike, nasjeckane
- 2 šalice konzerviranog slanutka, bez dodane soli, ocijeđen
- 1 žlica nasjeckanog peršina
- 1/3 šalice metvice, nasjeckane
- 1 avokado, bez koštice, oguljen i narezan na kockice
- 2 žlice maslinovog ulja
- Sok od 1 limete
- Crni papar po ukusu

Upute:
1. Zagrijte tavu s uljem na srednje jakoj vatri, dodajte češnjak i ljutiku, promiješajte i pržite 2 minute.
2. Dodajte slanutak i ostale sastojke, promiješajte, kuhajte još 13 minuta, podijelite u zdjelice i poslužite za doručak.

Prehrana: kalorija 561, masti 23,1, vlakna 22,4, ugljikohidrati 73,1, bjelančevine 21,8

Kakao puding od prosa

Vrijeme pripreme: 10 minuta
Vrijeme pripreme: 30 minuta
Porcije: 4

Sastojci:
- 14 unci kokosovog mlijeka
- 1 šalica prosa
- 1 žlica kakaa u prahu
- ½ žličice ekstrakta vanilije

Upute:
1. Mlijeko stavite u šerpu, zakuhajte na srednjoj vatri, dodajte proso i ostale sastojke i kuhajte 30 minuta uz često miješanje.
2. Podijelite u zdjelice i poslužite za doručak.

Prehrana: kalorije 422, masti 25,9, vlakna 6,8, ugljikohidrati 42,7, proteini 8

Chia puding

Vrijeme pripreme: 15 minuta
Vrijeme pripreme: 0 minuta
Porcije: 4

Sastojci:
- 2 šalice bademovog mlijeka
- ½ šalice chia sjemenki
- 2 žlice kokosovog šećera
- Korica ½ limuna, naribana
- 1 žličica ekstrakta vanilije
- ½ žličice đumbira u prahu

Upute:
1. Pomiješajte chia sjemenke s mlijekom i ostalim sastojcima u zdjeli, okrenite i ostavite 15 minuta prije posluživanja.

Prehrana: kalorija 366, masti 30,8, vlakna 5,5, ugljikohidrati 20,8, proteini 4,6

Puding od tapioke

Vrijeme pripreme: 2 sata
Vrijeme pripreme: 0 minuta
Porcije: 4

Sastojci:
- ½ šalice bisera tapioke
- 2 šalice kokosovog mlijeka, toplo
- 4 žličice kokosovog šećera
- ½ žličice cimeta u prahu

Upute:
1. Pomiješajte tapioku u zdjeli s toplim mlijekom i ostalim sastojcima, promiješajte i ostavite 2 sata prije posluživanja.
2. Podijelite u male zdjelice i poslužite za doručak.

Prehrana: kalorija 439, masti 28,6, vlakna 2,8, ugljikohidrati 42,5, proteini 3,8

Cheddar Hash

Vrijeme pripreme: 10 minuta
Vrijeme pripreme: 25 minuta
Porcije: 4

Sastojci:
- 1 funta hash browna
- 1 žlica ulja avokada
- 1/3 šalice kokosovog vrhnja
- 1 žuti luk nasjeckan
- 1 šalica nemasnog sira cheddar, naribanog
- Crni papar po ukusu
- 4 jaja, istučena

Upute:
1. Zagrijte tavu s uljem na srednje jakoj vatri, dodajte krumpir i luk, promiješajte i pržite 5 minuta.
2. Dodajte ostale sastojke osim sira, okrenite i kuhajte još 5 minuta.
3. Po vrhu pospite sir, stavite posudu u pećnicu i pecite na 390 stupnjeva F 15 minuta.
4. Smjesu podijelite na tanjure i poslužite za doručak.

Prehrana: kalorija 539, masti 33,2, vlakna 4,8, ugljikohidrati 44,4, proteini 16,8

Salata od snježnog graška

Vrijeme pripreme: 10 minuta
Vrijeme pripreme: 20 minuta
Porcije: 4

Sastojci:
- 3 češnja češnjaka, mljevena
- 1 žuti luk nasjeckan
- 1 žlica maslinovog ulja
- 1 mrkva, nasjeckana
- 1 žlica balzamičnog octa
- 2 šalice snježnog graška, prepolovljenog
- ½ šalice temeljca od povrća, bez dodatka soli
- 2 žlice mladog luka, nasjeckanog
- 1 žlica korijandera, nasjeckanog

Upute:
1. Zagrijte tavu s uljem na srednjoj vatri, dodajte luk i češnjak, promiješajte i pržite 5 minuta.
2. Dodajte snježni grašak i ostale sastojke, promiješajte i kuhajte na srednjoj vatri 15 minuta.
3. Smjesu podijelite u zdjelice i poslužite toplu za doručak.

Prehrana: kalorija 89, masti 4,2, vlakna 3,3, ugljikohidrati 11,2, proteini 3,3

Mješavina kvinoje i slanutka

Vrijeme pripreme: 10 minuta
Vrijeme pripreme: 20 minuta
Porcije: 6

Sastojci:
- 1 glavica crvenog luka nasjeckana
- 1 žlica maslinovog ulja
- Limenka od 15 unci slanutka, neslanog i ocijeđenog
- 14 unci kokosovog mlijeka
- ¼ šalice kvinoje
- 1 žlica đumbira, naribanog
- 2 češnja češnjaka, mljevena
- 1 žlica kurkume u prahu
- 1 žlica korijandera, nasjeckanog

Upute:
1. Zagrijte tavu s uljem na srednje jakoj vatri, dodajte luk, promiješajte i pržite 5 minuta.
2. Dodajte slanutak, kvinoju i ostale sastojke, promiješajte, zakuhajte i kuhajte 15 minuta.
3. Smjesu podijelite u zdjelice i poslužite za doručak.

Prehrana: kalorije 472, masti 23, vlakna 15,1, ugljikohidrati 54,6, proteini 16,6

Salata od maslina i paprike

Vrijeme pripreme: 5 minuta
Vrijeme pripreme: 15 minuta
Porcije: 4

Sastojci:
- 1 šalica crnih maslina, očišćenih od koštica i prepolovljenih
- ½ šalice zelenih maslina, bez koštica i prepolovljenih
- 1 žlica maslinovog ulja
- 2 mladog luka, nasjeckanog
- 1 crvena paprika, narezana na trakice
- 1 zelena paprika, narezana na trakice
- Korica 1 limete, naribana
- Sok od 1 limete
- 1 vezica peršina, nasjeckanog
- 1 rajčica, nasjeckana

Upute:
1. Zagrijte tavu s uljem na srednje jakoj vatri, dodajte mladi luk, promiješajte i pržite 2 minute.
2. Dodajte masline, papriku i ostale sastojke, promiješajte i kuhajte još 13 minuta.
3. Podijelite u zdjelice i poslužite za doručak.

Prehrana: kalorije 192, masti 6,7, vlakna 3,3, ugljikohidrati 9,3, proteini 3,5

Mješavina zelenih mahuna i jaja

Vrijeme pripreme: 10 minuta
Vrijeme pripreme: 15 minuta
Porcije: 4

Sastojci:
- 1 režanj češnjaka, samljeven
- 1 glavica crvenog luka nasjeckana
- 1 žlica ulja avokada
- 1 funta zelenog graha, orezanog i prepolovljenog
- 8 jaja, istučenih
- 1 žlica korijandera, nasjeckanog
- Prstohvat crnog papra

Upute:
1. Zagrijte tavu s uljem na srednje jakoj vatri, dodajte luk i češnjak i pržite 2 minute.
2. Dodajte zelene mahune i kuhajte još 2 minute.
3. Dodati jaja, crni papar i korijander, okrenuti, rasporediti po tavi i kuhati 10 minuta.
4. Smjesu podijelite na tanjure i poslužite.

Prehrana: kalorija 260, masti 12,1, vlakna 4,7, ugljikohidrati 19,4, proteini 3,6

Salata od mrkve i jaja

Vrijeme pripreme: 10 minuta
Vrijeme pripreme: 0 minuta
Porcije: 4

Sastojci:
- 2 mrkve, narezane na kockice
- 2 zelena luka, nasjeckana
- 1 vezica peršina, nasjeckanog
- 2 žlice maslinovog ulja
- 4 jaja, tvrdo kuhana, oguljena i narezana na kockice
- 1 žlica balzamičnog octa
- 1 žlica nasjeckanog vlasca
- Prstohvat crnog papra

Upute:
1. U zdjeli pomiješajte mrkvu s jajima i ostalim sastojcima, promiješajte i poslužite za doručak.

Prehrana: kalorija 251, masti 9,6, vlakna 4,1, ugljikohidrati 15,2, proteini 3,5

Kremaste bobice

Vrijeme pripreme: 5 minuta
Vrijeme pripreme: 15 minuta
Porcije: 4

Sastojci:
- 3 žlice kokosovog šećera
- 1 šalica kokosovog vrhnja
- 1 šalica borovnica
- 1 šalica kupina
- 1 šalica jagoda
- 1 žličica ekstrakta vanilije

Uputc:
1. Vrhnje stavite u tavu, zagrijte na srednje jakoj vatri, dodajte šećer i ostale sastojke, promiješajte, kuhajte 15 minuta, podijelite u zdjelice i poslužite za doručak.

Prehrana: kalorija 460, masti 16,7, vlakna 6,5, ugljikohidrati 40,3, proteini 5,7

Zdjelice za jabuke i grožđice

Vrijeme pripreme: 5 minuta
Vrijeme pripreme: 15 minuta
Porcije: 4

Sastojci:
- 1 šalica borovnica
- 1 žličica cimeta u prahu
- 1 i ½ dl bademovog mlijeka
- ¼ šalice grožđica
- 2 jabuke, oguljene i narezane na kockice
- 1 šalica kokosovog vrhnja

Upute:
1. Stavite mlijeko u šerpu, zakuhajte na srednjoj vatri, dodajte bobičasto voće i ostale sastojke, promiješajte, kuhajte 15 minuta, podijelite u zdjelice i poslužite za doručak.

Prehrana: kalorije 482, masti 7,8, vlakna 5,6, ugljikohidrati 15,9, proteini 4,9

Heljdina kaša od đumbira

Vrijeme pripreme: 10 minuta
Vrijeme pripreme: 25 minuta
Porcije: 4

Sastojci:
- 1 šalica heljde
- 3 šalice kokosovog mlijeka
- ½ žličice ekstrakta vanilije
- 1 žlica kokosovog šećera
- 1 žličica đumbira u prahu
- 1 žličica cimeta u prahu

Upute:
1. U šerpu stavite mlijeko i šećer, zakuhajte na srednjoj vatri, dodajte heljdu i ostale sastojke, kuhajte 25 minuta uz redovito miješanje, podijelite u zdjelice i poslužite za doručak.

Prehrana: kalorije 482, masti 14,9, vlakna 4,5, ugljikohidrati 56,3, proteini 7,5

Salata od cvjetače i paprike

Vrijeme pripreme: 10 minuta
Vrijeme pripreme: 20 minuta
Porcije: 4

Sastojci:
- 1 funta cvjetova cvjetače
- 1 žlica maslinovog ulja
- 2 mlada luka nasjeckana
- 1 crvena paprika, narezana na ploške
- 1 žuta paprika, narezana na ploške
- 1 zelena paprika, narezana na ploške
- 1 žlica korijandera, nasjeckanog
- Prstohvat crnog papra

Upute:
1. Zagrijte tavu s uljem na srednje jakoj vatri, dodajte mladi luk, promiješajte i pržite 2 minute.
2. Dodajte cvjetaču i ostale sastojke, promiješajte, kuhajte 16 minuta, podijelite u zdjelice i poslužite za doručak.

Prehrana: kalorija 271, masti 11,2, vlakna 3,4, ugljikohidrati 11,5, proteini 4

Piletina i prženo meso

Vrijeme pripreme: 10 minuta
Vrijeme pripreme: 25 minuta
Porcije: 4

Sastojci:
- 2 žlice maslinovog ulja
- 1 žuti luk nasjeckan
- 2 češnja češnjaka, mljevena
- 1 žličica Cajun začina
- 8 unci pilećih prsa, bez kože, kostiju i samljevena
- ½ funte hash browna
- 2 žlice juhe od povrća, bez dodatka soli
- 1 zelena paprika, nasjeckana

Upute:
1. Zagrijte tavu s uljem na srednje jakoj vatri, dodajte luk, češnjak i meso te pržite 5 minuta.
2. Dodajte hash browns i ostale sastojke, promiješajte i kuhajte na srednjoj vatri 20 minuta, često miješajući.
3. Podijelite na tanjure i poslužite za doručak.

Prehrana: kalorije 362, masti 14,3, vlakna 6,3, ugljikohidrati 25,6, proteini 6,1

Dash dijetni recepti za ručak

Burritos od crnog graha

Vrijeme pripreme: 5 minuta
Vrijeme pripreme: 12 minuta
Porcije: 4

Sastojci:
- 1 šalica konzerviranog crnog graha, bez dodane soli, ocijeđen i ispran
- 1 zelena paprika, nasjeckana
- 1 mrkva oguljena i naribana
- 1 žlica maslinovog ulja
- 1 glavica crvenog luka, narezana na ploške
- ½ šalice kukuruza
- 1 šalica nemasnog cheddara, nasjeckanog
- 6 tortilja od cjelovitog zrna
- 1 šalica jogurta bez masnoće

Upute:
1. Zagrijte tavu s uljem na srednje jakoj vatri, dodajte luk i pržite ga 2 minute.
2. Dodajte grah, mrkvu, papriku i kukuruz, promiješajte i kuhajte još 10 minuta.
3. Tortilje posložite na radnu površinu, svaku premažite smjesom od graha, također podijelite sir i jogurt, zarolajte i poslužite za ručak.

Prehrana: kalorija 451, masti 7,5, vlakna 13,8, ugljikohidrati 78,2, bjelančevine 20,9

Mješavina piletine i manga

Vrijeme pripreme: 10 minuta
Vrijeme pripreme: 20 minuta
Porcije: 4

Sastojci:

- 2 pileća prsa, bez kože, kostiju i narezana na kockice
- ¼ šalice pilećeg temeljca s niskim sadržajem natrija
- ½ šalice nasjeckanog celera
- 1 šalica mladog špinata
- 1 mango, oguljen i narezan na kockice
- 2 mlada luka nasjeckana
- 1 žlica maslinovog ulja
- 1 žličica majčine dušice, osušene
- ¼ žličice češnjaka u prahu
- Prstohvat crnog papra

Upute:

1. Zagrijte tavu s uljem na srednje jakoj vatri, dodajte mladi luk i piletinu te pržite 5 minuta.
2. Dodajte celer i ostale sastojke osim špinata, okrenite i kuhajte još 12 minuta.
3. Dodajte špinat, promiješajte, kuhajte 2-3 minute, podijelite na tanjure i poslužite.

Prehrana: kalorija 221, masti 9,1, vlakna 2, ugljikohidrati 14,1, proteini 21,5

Kolači od slanutka

Vrijeme pripreme: 10 minuta
Vrijeme pripreme: 10 minuta
Porcije: 4

Sastojci:
- 2 češnja češnjaka, mljevena
- Limenka slanutka od 15 unci, bez dodane soli, ocijeđena i isprana
- 1 žličica čilija u prahu
- 1 žličica kumina, mljevenog
- 1 jaje
- 1 žlica maslinovog ulja
- 1 žlica soka od limete
- 1 žlica naribane korice limete
- 1 žlica korijandera, nasjeckanog

Upute:
1. Stavite slanutak zajedno s češnjakom i ostalim sastojcima osim jaja u blender i dobro izmiksajte.
2. Od ove smjese oblikujte pogačice srednje veličine.
3. Zagrijte tavu s uljem na srednje jakoj vatri, dodajte pogačice od slanutka, pržite 5 minuta sa svake strane, podijelite na tanjure i poslužite za ručak uz prilog salate.

Prehrana: kalorija 441, masti 11,3, vlakna 19, ugljikohidrati 66,4, proteini 22,2

Salsa i zdjele od cvjetače

Vrijeme pripreme: 10 minuta
Vrijeme pripreme: 10 minuta
Porcije: 4

Sastojci:
- 1 žlica ulja avokada
- 1 šalica crvene paprike narezane na kockice
- 1 funta cvjetova cvjetače
- 1 glavica crvenog luka nasjeckana
- 3 žlice salse
- 2 žlice nemasnog cheddara, nasjeckanog
- 2 žlice kokosovog vrhnja

Upute:
1. Zagrijte tavu s uljem na srednje jakoj vatri, dodajte luk i papar i pirjajte 2 minute.
2. Dodajte cvjetaču i ostale sastojke, promiješajte, kuhajte još 8 minuta, podijelite u zdjelice i poslužite.

Prehrana: kalorija 114, masti 5,5, vlakna 4,3, ugljikohidrati 12,7, proteini 6,7

Salata od lososa i špinata

Vrijeme pripreme: 5 minuta
Vrijeme pripreme: 0 minuta
Porcije: 4

Sastojci:
- 1 šalica konzerviranog lososa, ocijeđenog i u listićima
- 1 žlica naribane korice limete
- 1 žlica soka od limete
- 3 žlice jogurta bez masnoće
- 1 šalica mladog špinata
- 1 žličica kapara, ocijeđenih i nasjeckanih
- 1 glavica crvenog luka nasjeckana
- Prstohvat crnog papra
- 1 žlica nasjeckanog vlasca

Upute:
1. Losos zajedno s koricom limete, sokom limete i ostalim sastojcima stavite u zdjelu, okrenite i hladno poslužite za ručak.

Prehrana: kalorija 61, masti 1,9, vlakna 1, ugljikohidrati 5, proteini 6,8

Mješavina piletine i kelja

Vrijeme pripreme: 10 minuta
Vrijeme pripreme: 20 minuta
Porcije: 4

Sastojci:
- 1 žlica maslinovog ulja
- 1 funta pilećih prsa, bez kože, kostiju i narezanih na kockice
- ½ funte kelja, nasjeckanog
- 2 cherry rajčice, prepolovljene
- 1 žuti luk nasjeckan
- ½ šalice pilećeg temeljca s niskim sadržajem natrija
- ¼ šalice nemasne mozzarelle, nasjeckane

Upute:
1. Zagrijte tavu s uljem na srednje jakoj vatri, dodajte piletinu i luk i pržite 5 minuta.
2. Dodajte kelj i ostale sastojke osim mozzarelle, okrenite i kuhajte još 12 minuta.
3. Po vrhu pospite sir, smjesu kuhajte 2-3 minute, podijelite na tanjure i poslužite za ručak.

Prehrana: kalorija 231, masti 6,5, vlakna 2,7, ugljikohidrati 11,4, proteini 30,9

Salata s lososom i rukolom

Vrijeme pripreme: 10 minuta
Vrijeme pripreme: 0 minuta
Porcije: 4

Sastojci:

- 6 unca limenke lososa, ocijeđenog i narezanog na kockice
- 1 žlica balzamičnog octa
- 1 žlica maslinovog ulja
- 2 ljutike, nasjeckane
- ½ šalice crnih maslina, bez koštica i prepolovljenih
- 2 šalice mlade rikule
- Prstohvat crnog papra

Upute:

1. Stavite losos zajedno sa ljutikom i ostalim sastojcima u zdjelu, okrenite i stavite u hladnjak na 10 minuta prije posluživanja za ručak.

Prehrana: kalorija 113, masti 8, vlakna 0,7, ugljikohidrati 2,3, proteini 8,8

Salata s kozicama i povrćem

Vrijeme pripreme: 5 minuta
Vrijeme pripreme: 10 minuta
Porcije: 4

Sastojci:
- 1 žlica maslinovog ulja
- 1 funta škampa, oguljenih i očišćenih
- 1 žlica pesta od bosiljka
- 1 šalica mlade rikule
- 1 žuti luk nasjeckan
- 1 krastavac, narezan na ploške
- 1 šalica mrkve, naribane
- 1 žlica korijandera, nasjeckanog

Upute:
1. Zagrijte tavu s uljem na srednje jakoj vatri, dodajte luk i mrkvu, promiješajte i pržite 3 minute.
2. Dodajte kozice i ostale sastojke, okrenite, kuhajte još 7 minuta, podijelite u zdjelice i poslužite.

Prehrana: kalorija 200, masti 5,6, vlakna 1,8, ugljikohidrati 9,9, proteini 27

Puretina i zamotuljci od papra

Vrijeme pripreme: 10 minuta
Vrijeme pripreme: 3 minute
Porcije: 2

Sastojci:
- 2 tortilje od cjelovitog zrna pšenice
- 2 žličice senfa
- 2 žličice majoneze
- 1 pureća prsa, bez kože, kostiju i narezana na trakice
- 1 žlica maslinovog ulja
- 1 glavica crvenog luka nasjeckana
- 1 crvena paprika, narezana na trakice
- 1 zelena paprika, narezana na trakice
- ¼ šalice nemasne mozzarelle, nasjeckane

Upute:
1. Zagrijte tavu s uljem na srednje jakoj vatri, dodajte meso i luk i pržite 5 minuta
2. Dodajte papar, promiješajte i kuhajte još 10 minuta.
3. Složite tortilje na radnu površinu, svaku namažite smjesom od puretine, također podijelite majonezu, senf i sir, zamotajte i poslužite za ručak.

Prehrana: kalorije 342, masti 11,6, vlakna 7,7, ugljikohidrati 39,5, proteini 21,9

Juha od zelenog graha

Vrijeme pripreme: 5 minuta
Vrijeme pripreme: 25 minuta
Porcije: 4

Sastojci:
- 2 žličice maslinovog ulja
- 2 češnja češnjaka, mljevena
- 1 funta zelenog graha, orezanog i prepolovljenog
- 1 žuti luk nasjeckan
- 2 rajčice, narezane na kockice
- 1 žličica slatke paprike
- 1 litra pilećeg temeljca s niskim sadržajem natrija
- 2 žlice nasjeckanog peršina

Upute:
1. Zagrijte tavu s uljem na srednje jakoj vatri, dodajte češnjak i luk, promiješajte i pirjajte 5 minuta.
2. Dodajte mahune i ostale sastojke osim peršina, promiješajte, zakuhajte i kuhajte 20 minuta.
3. Dodajte peršin, promiješajte, podijelite juhu u zdjelice i poslužite.

Prehrana: kalorija 87, masti 2,7, vlakna 5,5, ugljikohidrati 14, proteini 4,1

Salata od avokada, špinata i maslina

Vrijeme pripreme: 5 minuta
Vrijeme pripreme: 0 minuta
Porcije: 4

Sastojci:
- 2 žlice balzamičnog octa
- 2 žlice nasjeckane metvice
- Prstohvat crnog papra
- 1 avokado, oguljen, bez koštica i narezan na ploške
- 4 šalice mladog špinata
- 1 šalica crnih maslina, očišćenih od koštica i prepolovljenih
- 1 krastavac, narezan na ploške
- 1 žlica maslinovog ulja

Upute:
1. Pomiješajte avokado sa špinatom i ostalim sastojcima u zdjelu za salatu, okrenite i poslužite za ručak.

Prehrana: kalorije 192, masti 17,1, vlakna 5,7, ugljikohidrati 10,6, proteini 2,7

Tava s junetinom i tikvicama

Vrijeme pripreme: 5 minuta
Vrijeme pripreme: 20 minuta
Porcije: 4

Sastojci:
- 1 funta govedine, mljevene
- ½ šalice žutog luka, nasjeckanog
- 1 žlica maslinovog ulja
- 1 šalica tikvica, narezanih na kockice
- 2 češnja češnjaka, mljevena
- 14 unci konzervirane rajčice, bez dodane soli, nasjeckane
- 1 žličica talijanskog začina
- ¼ šalice nemasnog parmezana, nasjeckanog
- 1 žlica nasjeckanog vlasca
- 1 žlica korijandera, nasjeckanog

Upute:
1. Zagrijte tavu s uljem na srednje jakoj vatri, dodajte češnjak, luk i govedinu te pržite 5 minuta.
2. Dodajte ostale sastojke, preokrenite, kuhajte još 15 minuta, podijelite u zdjelice i poslužite za ručak.

Prehrana: kalorija 276, masti 11,3, vlakna 1,9, ugljikohidrati 6,8, proteini 36

Majčina dušica govedina i krumpir mix

Vrijeme pripreme: 10 minuta
Vrijeme pripreme: 25 minuta
Porcije: 4

Sastojci:
- ½ funte mljevene govedine
- 3 žlice maslinovog ulja
- 1 i ¾ funte crvenog krumpira, oguljenog i grubo narezanog na kockice
- 1 žuti luk nasjeckan
- 2 žličice majčine dušice, osušene
- 1 šalica konzerviranih rajčica, neslanih i nasjeckanih
- Prstohvat crnog papra

Upute:
1. Zagrijte tavu s uljem na srednje jakoj vatri, dodajte luk i govedinu, promiješajte i pržite 5 minuta.
2. Dodajte krumpir i ostale sastojke, promiješajte, prokuhajte, kuhajte još 20 minuta, podijelite u zdjelice i poslužite za ručak.

Prehrana: kalorija 216, masti 14,5, vlakna 5,2, ugljikohidrati 40,7, proteini 22,2

Juha od svinjetine i mrkve

Vrijeme pripreme: 10 minuta
Vrijeme pripreme: 25 minuta
Porcije: 4

Sastojci:
- 1 žlica maslinovog ulja
- 1 glavica crvenog luka nasjeckana
- 1 funta vučene svinjetine, narezane na kockice
- 1 litra goveđeg temeljca s niskim sadržajem natrija
- 1 funta mrkve, narezane na ploške
- 1 šalica pirea od rajčice
- 1 žlica korijandera, nasjeckanog

Upute:
1. Zagrijte tavu s uljem na srednje jakoj vatri, dodajte luk i meso te pržite 5 minuta.
2. Dodajte ostale sastojke osim cilantra, zakuhajte, smanjite vatru na srednju i kuhajte juhu 20 minuta.
3. Ulijte u zdjelice i poslužite za ručak s korijanderom posutim po vrhu.

Prehrana: kalorije 354, masti 14,6, vlakna 4,6, ugljikohidrati 19,3, proteini 36

Salata od kozica i jagoda

Vrijeme pripreme: 5 minuta
Vrijeme pripreme: 7 minuta
Porcije: 4

Sastojci:
- 1 šalica kukuruza
- 1 endivija, nasjeckana
- 1 šalica mladog špinata
- 1 funta škampa, oguljenih i očišćenih
- 2 češnja češnjaka, mljevena
- 1 žlica soka od limete
- 2 šalice jagoda, prepolovljenih
- 2 žlice maslinovog ulja
- 2 žlice balzamičnog octa
- 1 žlica korijandera, nasjeckanog

Upute:
1. Zagrijte tavu s uljem na srednje jakoj vatri, dodajte češnjak i pržite 1 minutu. Dodajte kozice i sok od limete, okrenite i pecite 3 minute sa svake strane.
2. U zdjelu za salatu pomiješajte kozice s kukuruzom, endivijom i ostalim sastojcima, okrenite i poslužite za ručak.

Prehrana: kalorija 260, masti 9,7, vlakna 2,9, ugljikohidrati 16,5, proteini 28

Salata s kozicama i zelenim grahom

Vrijeme pripreme: 5 minuta
Vrijeme pripreme: 10 minuta
Porcije: 4

Sastojci:
- 1 funta zelenog graha, orezanog i prepolovljenog
- 2 žlice maslinovog ulja
- 2 kilograma škampa, oguljenih i očišćenih
- 1 žlica soka od limuna
- 2 šalice cherry rajčica, prepolovljenih
- ¼ šalice octa od maline
- Prstohvat crnog papra

Upute:
1. Zagrijte tavu s uljem na srednje jakoj vatri, dodajte kozice, okrenite i kuhajte 2 minute.
2. Dodajte mahune i ostale sastojke, promiješajte, kuhajte još 8 minuta, podijelite u zdjelice i poslužite za ručak.

Prehrana: kalorija 385, masti 11,2, vlakna 5, ugljikohidrati 15,3, proteini 54,5

Tacosi od ribe

Vrijeme pripreme: 10 minuta
Vrijeme pripreme: 10 minuta
Porcije: 2

Sastojci:
- 4 ljuske tacoa od cijelog zrna
- 1 žlica svijetle majoneze
- 1 žlica salse
- 1 žlica nemasne mozzarelle, nasjeckane
- 1 žlica maslinovog ulja
- 1 glavica crvenog luka nasjeckana
- 1 žlica korijandera, nasjeckanog
- 2 fileta bakalara, bez kostiju, bez kože i narezana na kockice
- 1 žlica pirea od rajčice

Upute:
1. Zagrijte tavu s uljem na srednje jakoj vatri, dodajte luk, promiješajte i pržite 2 minute.
2. Dodajte ribu i pire od rajčice, lagano okrenite i kuhajte još 5 minuta.
3. Ulijte to u taco školjke, također podijelite majonezu, salsu i sir i poslužite za ručak.

Prehrana: kalorija 466, masti 14,5, vlakna 8, ugljikohidrati 56,6, proteini 32,9

Kolači od tikvica

Vrijeme pripreme: 10 minuta
Vrijeme pripreme: 10 minuta
Porcije: 4

Sastojci:
- 1 žuti luk nasjeckan
- 2 tikvice, naribane
- 2 žlice bademovog brašna
- 1 jaje, tučeno
- 1 režanj češnjaka, samljeven
- Prstohvat crnog papra
- 1/3 šalice mrkve, naribane
- 1/3 šalice nemasnog cheddara, naribanog
- 1 žlica korijandera, nasjeckanog
- 1 žličica limunove korice, naribane
- 2 žlice maslinovog ulja

Upute:
1. U zdjeli pomiješajte tikvice sa češnjakom, lukom i ostalim sastojcima osim ulja, dobro promiješajte i od ove smjese oblikujte pogačice srednje veličine.
2. Zagrijte tavu s uljem na srednje jakoj vatri, dodajte pogačice od tikvica, pržite ih 5 minuta sa svake strane, podijelite na tanjure i poslužite uz prilog salate.

Prehrana: kalorija 271, masti 8,7, vlakna 4, ugljikohidrati 14,3, proteini 4,6

Varivo od slanutka i rajčice

Vrijeme pripreme: 10 minuta
Vrijeme pripreme: 20 minuta
Porcije: 4

Sastojci:
- 1 žlica maslinovog ulja
- 1 žuti luk nasjeckan
- 2 žličice čilija u prahu
- Limenka slanutka od 14 unci, bez dodane soli, ocijeđena i isprana
- 14 unci konzervirane rajčice, bez dodane soli, narezane na kockice
- 1 šalica pilećeg temeljca s niskim sadržajem natrija
- 1 žlica korijandera, nasjeckanog
- Prstohvat crnog papra

Upute:
1. Zagrijte tavu s uljem na srednje jakoj vatri, dodajte luk i čili u prahu, promiješajte i pržite 5 minuta.
2. Dodajte slanutak i ostale sastojke, promiješajte, kuhajte 15 minuta na srednjoj vatri, podijelite u zdjelice i poslužite za ručak.

Prehrana: kalorija 299, masti 13,2, vlakna 4,7, ugljikohidrati 17,2, proteini 8,1

Salata od piletine, rajčice i špinata

Vrijeme pripreme: 10 minuta
Vrijeme pripreme: 0 minuta
Porcije: 4

Sastojci:
- 1 žlica maslinovog ulja
- Prstohvat crnog papra
- 2 rotisserie pileta, bez kože, s kostima, narezana na komade
- 1 funta cherry rajčica, prepolovljenih
- 1 glavica crvenog luka nasjeckana
- 4 šalice mladog špinata
- ¼ šalice nasjeckanih oraha
- ½ žličice limunove korice, naribane
- 2 žlice soka od limuna

Upute:
1. Pomiješajte piletinu s rajčicom i ostalim sastojcima u zdjelu za salatu, okrenite i poslužite za ručak.

Prehrana: kalorija 349, masti 8,3, vlakna 5,6, ugljikohidrati 16,9, proteini 22,8

Zdjelice za šparoge i papar

Vrijeme pripreme: 10 minuta
Vrijeme pripreme: 20 minuta
Porcije: 4

Sastojci:
- 3 češnja češnjaka, mljevena
- 2 žlice maslinovog ulja
- 1 glavica crvenog luka nasjeckana
- 3 mrkve, narezane na ploške
- ½ šalice pilećeg temeljca s niskim sadržajem natrija
- 2 šalice mladog špinata
- 1 funta šparoga, orezanih i prepolovljenih
- 1 crvena paprika, narezana na trakice
- 1 žuta paprika, narezana na trakice
- 1 zelena paprika, narezana na trakice
- Prstohvat crnog papra

Upute:
1. Zagrijte tavu s uljem na srednje jakoj vatri, dodajte luk i češnjak, promiješajte i pržite 2 minute.
2. Dodajte šparoge i ostale sastojke osim špinata, okrenite i kuhajte 15 minuta.
3. Dodajte špinat, kuhajte još 3 minute, podijelite u zdjelice i poslužite za ručak.

Prehrana: kalorija 221, masti 11,2, vlakna 3,4, ugljikohidrati 14,3, proteini 5,9

Zagrijte juneći gulaš

Vrijeme pripreme: 10 minuta
Vrijeme za kuhanje: 1 sat i 20 minuta

Porcije: 4

Sastojci:
- 1 funta govedine narezane na kockice
- 1 šalica umaka od rajčice bez dodane soli
- 1 šalica goveđeg temeljca s niskim sadržajem natrija
- 1 žlica maslinovog ulja
- 1 žuti luk nasjeckan
- ¼ žličice ljutog umaka
- 1 žličica luka u prahu
- 1 žličica češnjaka u prahu
- 1 žlica korijandera, nasjeckanog

Upute:
1. Zagrijte tavu s uljem na srednje jakoj vatri, dodajte meso i luk, promiješajte i pržite 5 minuta.
2. Dodajte umak od rajčice i ostale sastojke, zakuhajte i kuhajte na srednjoj vatri 1 sat i 15 minuta.
3. Podijelite u zdjelice i poslužite za ručak.

Prehrana: kalorija 487, masti 15,3, vlakna 5,8, ugljikohidrati 56,3, proteini 15

Svinjski kotleti s gljivama

Vrijeme pripreme: 5 minuta
Vrijeme za kuhanje: 8 sati i 10 minuta

Porcije: 4

Sastojci:
- 4 svinjska kotleta
- 1 žlica maslinovog ulja
- 2 ljutike, nasjeckane
- 1 funta bijelih gljiva, narezanih
- ½ šalice goveđeg temeljca s niskim sadržajem natrija
- 1 žlica nasjeckanog ružmarina
- ¼ žličice češnjaka u prahu
- 1 žličica slatke paprike

Upute:
1. Zagrijte tavu s uljem na srednje jakoj vatri, dodajte svinjske odreske i ljutiku, okrenite ih, pecite 10 minuta i prebacite u sporo kuhalo.
2. Dodajte ostale sastojke, poklopite i kuhajte na niskoj temperaturi 8 sati.
3. Svinjske kotlete i gljive rasporedite po tanjurima i poslužite za ručak.

Prehrana: kalorija 349, masti 24, vlakna 5,6, ugljikohidrati 46,3, proteini 17,5

Salata od korijandera i kozica

Vrijeme pripreme: 10 minuta
Vrijeme pripreme: 8 minuta
Porcije: 4

Sastojci:
- 1 žlica maslinovog ulja
- 1 glavica crvenog luka, narezana na ploške
- 1 funta škampa, oguljenih i očišćenih
- 2 šalice mlade rikule
- 1 žlica balzamičnog octa
- 1 žlica soka od limuna
- 1 žlica korijandera, nasjeckanog
- Prstohvat crnog papra

Upute:
1. Zagrijte tavu s uljem na srednje jakoj vatri, dodajte luk, promiješajte i pržite 2 minute.
2. Dodajte kozice i ostale sastojke, okrenite, kuhajte 6 minuta, podijelite u zdjelice i poslužite za ručak.

Prehrana: kalorija 341, masti 11,5, vlakna 3,8, ugljikohidrati 17,3, proteini 14,3

Varivo od patlidžana

Vrijeme pripreme: 5 minuta
Vrijeme pripreme: 20 minuta
Porcije: 4

Sastojci:
- 1 funta patlidžana, grubo narezanih na kockice
- 2 češnja češnjaka, mljevena
- 2 žlice maslinovog ulja
- 1 žuti luk nasjeckan
- 1 žličica slatke paprike
- ½ šalice cilantra, nasjeckanog
- 14 unci konzerviranih rajčica s niskim sadržajem natrija, nasjeckanih
- 1 žlica korijandera, nasjeckanog

Upute:
1. Zagrijte tavu s uljem na srednje jakoj vatri, dodajte luk i češnjak i pržite 2 minute.
2. Dodajte patlidžan i ostale sastojke osim korijandera, zakuhajte i kuhajte 18 minuta.
3. Podijelite u zdjelice i poslužite s korijanderom posutim po vrhu.

Prehrana: kalorije 343, masti 12,3, vlakna 3,7, ugljikohidrati 16,56, proteini 7,2

Mješavina govedine i graška

Vrijeme pripreme: 10 minuta
Vrijeme pripreme: 30 minuta
Porcije: 4

Sastojci:
- 1 i ¼ dl goveđeg temeljca s niskim udjelom natrija
- 1 žuti luk nasjeckan
- 1 žlica maslinovog ulja
- 2 šalice graška
- 1 funta govedine narezane na kockice
- 1 šalica konzerviranih rajčica, neslanih i nasjeckanih
- 1 šalica mladog luka, nasjeckanog
- ¼ šalice nasjeckanog peršina
- Crni papar po ukusu

Upute:
1. Zagrijte tavu s uljem na srednje jakoj vatri, dodajte luk i meso te pržite 5 minuta.
2. Dodajte grašak i ostale sastojke, promiješajte, zakuhajte i kuhajte na srednjoj vatri još 25 minuta.
3. Smjesu podijelite u zdjelice i poslužite za ručak.

Prehrana: kalorija 487, masti 15,4, vlakna 4,6, ugljikohidrati 44,6, proteini 17,8

Pureći paprikaš

Vrijeme pripreme: 5 minuta
Vrijeme pripreme: 30 minuta
Porcije: 4

Sastojci:
- 2 žlice maslinovog ulja
- 1 pureća prsa, bez kože, kostiju i narezana na kockice
- 1 šalica goveđeg temeljca s niskim sadržajem natrija
- 1 šalica pirea od rajčice
- ¼ žličice naribane korice limete
- 1 žuti luk nasjeckan
- 1 žlica slatke paprike
- 1 žlica korijandera, nasjeckanog
- 2 žlice soka od limete
- ¼ žličice naribanog đumbira

Upute:
1. Zagrijte tavu s uljem na srednje jakoj vatri, dodajte luk i meso te pržite 5 minuta.
2. Dodajte juhu i ostale sastojke, zakuhajte i kuhajte na srednjoj vatri 25 minuta.
3. Smjesu podijelite u zdjelice i poslužite za ručak.

Prehrana: kalorija 150, masti 8,1, vlakna 2,7, ugljikohidrati 12, proteini 9,5

Goveđa salata

Vrijeme pripreme: 10 minuta
Vrijeme pripreme: 30 minuta
Porcije: 4

Sastojci:
- 1 funta govedine, izrezane na trakice
- 1 žlica nasjeckane kadulje
- 1 žlica maslinovog ulja
- Prstohvat crnog papra
- ½ žličice kumina, mljevenog
- 2 šalice cherry rajčica narezanih na kockice
- 1 avokado, oguljen, bez koštica i narezan na kockice
- 1 šalica konzerviranog crnog graha, bez dodane soli, ocijeđen i ispran
- ½ šalice zelenog luka, nasjeckanog
- 2 žlice soka od limete
- 2 žlice balzamičnog octa
- 2 žlice korijandera, nasjeckanog

Upute:
1. Zagrijte tavu s uljem na srednje jakoj vatri, dodajte meso i pržite 5 minuta.
2. Dodajte kadulju, crni papar i kumin, promiješajte i kuhajte još 5 minuta.
3. Dodajte ostale sastojke, promiješajte, smanjite vatru na srednju i kuhajte smjesu 20 minuta.
4. Salatu podijelite u zdjelice i poslužite za ručak.

Prehrana: kalorija 536, masti 21,4, vlakna 12,5, ugljikohidrati 40,4, proteini 47

Varivo od tikvica

Vrijeme pripreme: 10 minuta
Vrijeme pripreme: 20 minuta
Porcije: 4

Sastojci:
- 1 funta tikve, oguljene i narezane na kockice
- 1 šalica pilećeg temeljca s niskim sadržajem natrija
- 1 šalica konzerviranih rajčica, bez dodane soli, zgnječene
- 1 žlica maslinovog ulja
- 1 glavica crvenog luka nasjeckana
- 2 slatke narančaste paprike, nasjeckane
- ½ šalice kvinoje
- ½ žlice nasjeckanog vlasca

Upute:
1. Zagrijte tavu s uljem na srednje jakoj vatri, dodajte luk, promiješajte i pržite 2 minute.
2. Dodajte tikvice i ostale sastojke, zakuhajte i kuhajte 15 minuta.
3. Varivo promiješajte, podijelite u zdjelice i poslužite za ručak.

Prehrana: kalorija 166, masti 5,3, vlakna 4,7, ugljikohidrati 26,3, proteini 5,9

Mješavina kupusa i govedine

Vrijeme pripreme: 10 minuta
Vrijeme pripreme: 20 minuta
Porcije: 4

Sastojci:
- 1 glavica kelja, nasjeckana
- ¼ šalice goveđeg temeljca s niskim sadržajem natrija
- 2 rajčice, narezane na kockice
- 2 glavice žutog luka nasjeckane
- ¾ šalice nasjeckane crvene paprike
- 1 žlica maslinovog ulja
- 1 funta govedine, mljevene
- ¼ šalice cilantra, nasjeckanog
- ¼ šalice zelenog luka, nasjeckanog
- ¼ žličice mljevene crvene paprike

Upute:
1. Zagrijte tavu s uljem na srednje jakoj vatri, dodajte meso i luk, promiješajte i pržite 5 minuta.
2. Dodajte kupus i ostale sastojke, okrenite, kuhajte 15 minuta, podijelite u zdjelice i poslužite za ručak.

Prehrana: kalorija 328, masti 11, vlakna 6,9, ugljikohidrati 20,1, proteini 38,3

Gulaš od svinjetine i mahuna

Vrijeme pripreme: 5 minuta
Vrijeme za kuhanje: 8 sati i 10 minuta

Porcije: 4

Sastojci:
- 1 funta vučene svinjetine, narezane na kockice
- 1 žlica maslinovog ulja
- ½ funte zelenog graha, orezanog i prepolovljenog
- 2 glavice žutog luka nasjeckane
- 2 češnja češnjaka, mljevena
- 2 šalice goveđeg temeljca s niskim sadržajem natrija
- 8 unci umaka od rajčice
- Prstohvat crnog papra
- Prstohvat sve ruke, tlo
- 1 žlica nasjeckanog ružmarina

Upute:
1. Zagrijte tavu s uljem na srednje jakoj vatri, dodajte meso, češnjak i luk, promiješajte i pržite 10 minuta.
2. Prebacite to u sporo kuhalo, dodajte i ostale sastojke, poklopite i kuhajte na niskoj temperaturi 8 sati.
3. Varivo podijelite u zdjelice i poslužite.

Prehrana: kalorija 334, masti 14,8, vlakna 4,4, ugljikohidrati 13,3, proteini 36,7

Krem juha od tikvica

Vrijeme pripreme: 10 minuta
Vrijeme pripreme: 20 minuta
Porcije: 4

Sastojci:
- 1 žlica maslinovog ulja
- 1 žuti luk nasjeckan
- 1 žličica đumbira, naribanog
- 1 funta tikvica, nasjeckanih
- 32 unce pilećeg temeljca s niskim sadržajem natrija
- 1 šalica kokosovog vrhnja
- 1 žlica kopra, nasjeckanog

Upute:
1. Zagrijte tavu s uljem na srednje jakoj vatri, dodajte luk i đumbir, promiješajte i pržite 5 minuta.
2. Dodajte tikvice i ostale sastojke, prokuhajte i kuhajte na srednje jakoj vatri 15 minuta.
3. Izmiksajte uronjenim mikserom, podijelite u zdjelice i poslužite.

Prehrana: kalorije 293, masti 12,3, vlakna 2,7, ugljikohidrati 11,2, proteini 6,4

Salata s kozicama i grožđem

Vrijeme pripreme: 5 minuta
Vrijeme pripreme: 0 minuta
Porcije: 4

Sastojci:
- 2 žlice nemasne majoneze
- 2 žličice čilija u prahu
- Prstohvat crnog papra
- 1 funta škampi, kuhani, oguljeni i očišćeni
- 1 šalica crvenog grožđa, prepolovljena
- ½ šalice mladog luka, nasjeckanog
- ¼ šalice nasjeckanih oraha
- 1 žlica korijandera, nasjeckanog

Upute:
1. U zdjelu za salatu pomiješajte kozice s čilijem u prahu i ostale sastojke, okrenite i poslužite za ručak.

Prehrana: kalorija 298, masti 12,3, vlakna 2,6, ugljikohidrati 16,2, proteini 7,8

Kurkuma krema od mrkve

Vrijeme pripreme: 5 minuta
Vrijeme pripreme: 25 minuta
Porcije: 4

Sastojci:
- 2 žlice maslinovog ulja
- 1 žuti luk nasjeckan
- 1 funta mrkve, oguljene i nasjeckane
- 1 žličica kurkume u prahu
- 4 stabljike celera, nasjeckane
- 5 šalica pilećeg temeljca s niskim sadržajem natrija
- Prstohvat crnog papra
- 1 žlica korijandera, nasjeckanog

Upute:
1. Zagrijte tavu s uljem na srednje jakoj vatri, dodajte luk, promiješajte i pržite 2 minute.
2. Dodajte mrkvu i ostale sastojke, prokuhajte i kuhajte na srednje jakoj vatri 20 minuta.
3. Izmiksajte juhu uronjenim mikserom, ulijte je u zdjelice i poslužite.

Prehrana: kalorija 221, masti 9,6, vlakna 4,7, ugljikohidrati 16, proteini 4,8

Juha od govedine i crnog graha

Vrijeme pripreme: 10 minuta
Vrijeme za kuhanje: 1 sat i 40 minuta

Porcije: 4

Sastojci:
- 1 šalica konzerviranog crnog graha, neslanog i ocijeđenog
- 7 šalica goveđeg temeljca s niskim sadržajem natrija
- 1 zelena paprika, nasjeckana
- 1 žlica maslinovog ulja
- 1 funta govedine narezane na kockice
- 1 žuti luk nasjeckan
- 3 češnja češnjaka, mljevena
- 1 čili papričica, nasjeckana
- 1 kockice krumpira
- Prstohvat crnog papra
- 1 žlica korijandera, nasjeckanog

Upute:
1. Zagrijte tavu s uljem na srednje jakoj vatri, dodajte luk, češnjak i meso te pržite 5 minuta.
2. Dodajte grah i ostale sastojke osim cilantra, zakuhajte i kuhajte na srednjoj vatri 1 sat i 35 minuta.
3. Dodajte korijander, juhu ulijte u zdjelice i poslužite.

Prehrana: kalorija 421, masti 17,3, vlakna 3,8, ugljikohidrati 18,8, bjelančevine 23,5

Zdjelice za losos i škampe

Vrijeme pripreme: 10 minuta
Vrijeme pripreme: 13 minuta
Porcije: 4

Sastojci:
- ½ funte dimljenog lososa, bez kostiju, bez kože i narezan na kockice
- ½ funte škampa, oguljenih i očišćenih
- 1 žlica maslinovog ulja
- 1 glavica crvenog luka nasjeckana
- ¼ šalice rajčice, narezane na kockice
- ½ šalice blage salse
- 2 žlice korijandera, nasjeckanog

Upute:
1. Zagrijte tavu s uljem na srednje jakoj vatri, dodajte losos, okrenite i kuhajte 5 minuta.
2. Dodajte luk, kozice i ostale sastojke, kuhajte još 7 minuta, podijelite u zdjelice i poslužite.

Prehrana: kalorija 251, masti 11,4, vlakna 3,7, ugljikohidrati 12,3, proteini 7,1

Umak od piletine i češnjaka

Vrijeme pripreme: 5 minuta
Vrijeme pripreme: 20 minuta
Porcije: 4

Sastojci:
- 1 žlica maslinovog ulja
- 1 žuti luk nasjeckan
- Prstohvat crnog papra
- 1 funta pilećih prsa, bez kože, kostiju i narezanih na kockice
- 4 češnja češnjaka, nasjeckana
- 1 šalica pilećeg temeljca s niskim sadržajem natrija
- 2 šalice kokosovog vrhnja
- 1 žlica nasjeckanog bosiljka
- 1 žlica nasjeckanog vlasca

Upute:
1. Zagrijte tavu s uljem na srednje jakoj vatri, dodajte češnjak, luk i meso, okrenite i pržite 5 minuta.
2. Dodajte juhu i ostale sastojke, zakuhajte i kuhajte na srednjoj vatri 15 minuta.
3. Smjesu podijelite na tanjure i poslužite.

Prehrana: kalorija 451, masti 16,6, vlakna 9, ugljikohidrati 34,4, proteini 34,5

Varivo od piletine i patlidžana s kurkumom

Vrijeme pripreme: 5 minuta
Vrijeme pripreme: 20 minuta
Porcije: 4

Sastojci:
- 1 funta pilećih prsa, bez kože, kostiju i narezanih na kockice
- 2 ljutike, nasjeckane
- 1 žlica maslinovog ulja
- 1 patlidžan, narezan na kockice
- 1 šalica konzerviranih rajčica, neslanih i zdrobljenih
- 1 žlica soka od limete
- Prstohvat crnog papra
- ¼ žličice mljevenog đumbira
- 1 žlica korijandera, nasjeckanog

Upute:
1. Zagrijte tavu s uljem na srednje jakoj vatri, dodajte ljutiku i piletinu i pržite 5 minuta.
2. Dodajte ostale sastojke, pirjajte i kuhajte na srednjoj vatri još 15 minuta.
3. Podijelite u zdjelice i poslužite za ručak.

Prehrana: kalorija 441, masti 14,6, vlakna 4,9, ugljikohidrati 44,4, bjelančevine 16,9

Mješavina piletine i endivije

Vrijeme pripreme: 5 minuta
Vrijeme pripreme: 20 minuta
Porcije: 4

Sastojci:
- 1 funta pilećih bataka, bez kostiju, kože i narezanih na kockice
- 2 endivije, nasjeckane
- 1 šalica pilećeg temeljca s niskim sadržajem natrija
- 1 žlica maslinovog ulja
- 1 žuti luk nasjeckan
- 1 mrkva, narezana na ploške
- 2 češnja češnjaka, mljevena
- 8 unci konzerviranih rajčica, bez dodane soli, nasjeckane
- 1 žlica nasjeckanog vlasca

Upute:
1. Zagrijte tavu s uljem na srednje jakoj vatri, dodajte luk i češnjak i pirjajte 5 minuta.
2. Dodajte piletinu i pecite je još 5 minuta.
3. Dodajte ostale sastojke, prokuhajte, kuhajte još 10 minuta, podijelite na tanjure i poslužite.

Prehrana: kalorija 411, masti 16,7, vlakna 5,9, ugljikohidrati 54,5, proteini 24

Pureća juha

Vrijeme pripreme: 10 minuta
Vrijeme pripreme: 40 minuta
Porcije: 4

Sastojci:

- 1 pureća prsa, bez kože, bez kostiju, narezana na kockice
- 1 žlica paradajz sosa, bez dodatka soli
- 1 žlica maslinovog ulja
- 2 glavice žutog luka nasjeckane
- 1 litra pilećeg temeljca s niskim sadržajem natrija
- 1 žlica nasjeckanog origana
- 2 mrkve, narezane na ploške
- 3 češnja češnjaka, mljevena
- Prstohvat crnog papra

Upute:

1. Zagrijte tavu s uljem na srednje jakoj vatri, dodajte luk i češnjak i pržite 5 minuta.
2. Dodajte meso i pržite još 5 minuta.
3. Dodajte ostale sastojke, zakuhajte i kuhajte na srednjoj vatri 30 minuta.
4. Ulijte juhu u zdjelice i poslužite.

Prehrana: kalorija 321, masti 14,5, vlakna 11,3, ugljikohidrati 33,7, proteini 16

Zeleno pirjanje od senfa

Vrijeme pripreme: 10 minuta
Vrijeme pripreme: 12 minuta
Porcije: 4

Sastojci:
- 6 šalica zelja senfa
- 2 žlice maslinovog ulja
- 2 mlada luka nasjeckana
- ½ šalice kokosovog vrhnja
- 2 žlice slatke paprike
- Crni papar po ukusu

Upute:
1. Zagrijte tavu s uljem na srednje jakoj vatri, dodajte luk, papriku i crni papar, promiješajte i pirjajte 3 minute.
2. Dodajte gorušicu i ostale sastojke, preokrenite, kuhajte još 9 minuta, podijelite na tanjure i poslužite kao prilog.

Prehrana: kalorije 163, masti 14,8, vlakna 4,9, ugljikohidrati 8,3, proteini 3,6

Bok Choy mješavina

Vrijeme pripreme: 10 minuta
Vrijeme pripreme: 12 minuta
Porcije: 4

Sastojci:
- 1 žlica ulja avokada
- 1 žlica balzamičnog octa
- 1 žuti luk nasjeckan
- 1 funta bok choya, nasjeckanog
- 1 žličica kumina, mljevenog
- 1 žlica kokosovih aminokiselina
- ¼ šalice temeljca od povrća s niskim sadržajem natrija
- Crni papar po ukusu

Upute:
1. Zagrijte tavu s uljem na srednje jakoj vatri, dodajte luk, kumin i crni papar, promiješajte i kuhajte 3 minute.
2. Dodajte bok choy i ostale sastojke, promiješajte, kuhajte još 8-9 minuta, podijelite na tanjure i poslužite kao prilog.

Prehrana: kalorija 38, masti 0,8, vlakna 2, ugljikohidrati 6,5, proteini 2,2

Mješavina zelenih mahuna i patlidžana

Vrijeme pripreme: 4 minute
Vrijeme pripreme: 40 minuta
Porcije: 4

Sastojci:
- 1 funta zelenog graha, orezanog i prepolovljenog
- 1 manji patlidžan, narezan na velike komade
- 1 žuti luk nasjeckan
- 2 žlice maslinovog ulja
- 2 žlice soka od limete
- 1 žličica dimljene paprike
- ¼ šalice temeljca od povrća s niskim sadržajem natrija
- Crni papar po ukusu
- ½ žličice origana, osušenog

Upute:
1. Pomiješajte zelene mahune s patlidžanima i ostalim sastojcima u posudu za pečenje, preokrenite, stavite u pećnicu, pecite na 390 stupnjeva F 40 minuta, podijelite na tanjure i poslužite kao prilog.

Prehrana: kalorija 141, masti 7,5, vlakna 8,9, ugljikohidrati 19, proteini 3,7

Mješavina maslina i artičoka

Vrijeme pripreme: 5 minuta
Vrijeme kuhanja: 0 minuta
Porcije: 4

Sastojci:
- 10 unci srca artičoka u konzervi, bez dodane soli, ocijeđena i prepolovljena
- 1 šalica crnih maslina, očišćenih od koštica i narezanih na ploške
- 1 žlica kapara, ocijeđenih
- 1 šalica zelenih maslina, očišćenih od koštica i narezanih na ploške
- 1 žlica nasjeckanog peršina
- Crni papar po ukusu
- 2 žlice maslinovog ulja
- 2 žlice crvenog vinskog octa
- 1 žlica nasjeckanog vlasca

Upute:
1. Pomiješajte artičoke s maslinama i ostalim sastojcima u zdjelu za salatu, okrenite i poslužite kao prilog.

Prehrana: kalorija 138, masti 11, vlakna 5,1, ugljikohidrati 10, proteini 2,7

Umak od kurkume i papra

Vrijeme pripreme: 4 minute
Vrijeme pripreme: 0 minuta
Porcije: 4

Sastojci:
- 1 žličica kurkume u prahu
- 1 šalica kokosovog vrhnja
- 14 unci crvene paprike, bez dodane soli, nasjeckane
- Sok od ½ limuna
- 1 žlica nasjeckanog vlasca

Upute:
1. U svom blenderu pomiješajte papar s kurkumom i ostalim sastojcima osim vlasca, dobro izmiksajte, podijelite u zdjelice i poslužite kao međuobrok s vlascem posutim po vrhu.

Prehrana: kalorije 183, masti 14,9, vlakna 3. ugljikohidrati 12,7, proteini 3,4

Raširene leće

Vrijeme pripreme: 5 minuta
Vrijeme pripreme: 0 minuta
Porcije: 4

Sastojci:
- Leća od 14 unci može se ocijediti, bez dodane soli, isprati
- Sok od 1 limuna
- 2 češnja češnjaka, mljevena
- 2 žlice maslinovog ulja
- ½ šalice cilantra, nasjeckanog

Upute:
1. Leću s uljem i ostalim sastojcima izmiksati u blenderu, dobro izmiksati, podijeliti u zdjelice i poslužiti kao prilog.

Prehrana: kalorija 416, masti 8,2, vlakna 30,4, ugljikohidrati 60,4, proteini 25,8

Pečeni orasi

Vrijeme pripreme: 5 minuta
Vrijeme pripreme: 15 minuta
Porcije: 8

Sastojci:
- ½ žličice dimljene paprike
- ½ žličice čilija u prahu
- ½ žličice češnjaka u prahu
- 1 žlica ulja avokada
- Prstohvat kajenskog papra
- 14 unci oraha

Upute:
1. Rasporedite orahe po obloženom limu za pečenje, dodajte papriku i ostale sastojke, okrenite i pecite na 410 stupnjeva F 15 minuta.
2. Podijelite u zdjelice i poslužite kao međuobrok.

Prehrana: kalorija 311, masti 29,6, vlakna 3,6, ugljikohidrati 5,3, proteini 12

Kvadrati brusnice

Vrijeme pripreme: 3 sata i 5 minuta

Vrijeme pripreme: 0 minuta
Porcije: 4

Sastojci:
- 2 unce kokosovog vrhnja
- 2 žlice zobenih pahuljica
- 2 žlice kokosa, nasjeckanog
- 1 šalica brusnica

Upute:
1. U blender dodajte zob s brusnicama i ostale sastojke, dobro izmiksajte i rasporedite u četvrtastu tepsiju.

Izrežite na kvadrate i ostavite u hladnjaku 3 sata prije posluživanja.

Prehrana: kalorija 66, masti 4,4, vlakna 1,8, ugljikohidrati 5,4, proteini 0,8

Stabljike cvjetače

Vrijeme pripreme: 10 minuta
Vrijeme pripreme: 30 minuta
Porcije: 8

Sastojci:
- 2 šalice integralnog pšeničnog brašna
- 2 žličice praška za pecivo
- Prstohvat crnog papra
- 2 jaja, istučena
- 1 šalica bademovog mlijeka
- 1 šalica nasjeckanih cvjetova cvjetače
- ½ šalice nemasnog cheddara, nasjeckanog

Upute:
1. Brašno zajedno s cvjetačom i ostalim sastojcima staviti u zdjelu i dobro promiješati.
2. Raširite na lim za pečenje, stavite u pećnicu, pecite na 400 stupnjeva F 30 minuta, narežite na štanglice i poslužite kao međuobrok.

Prehrana: kalorija 430, masti 18,1, vlakna 3,7, ugljikohidrati 54, proteini 14,5

Zdjelice za bademe i sjemenke

Vrijeme pripreme: 5 minuta
Vrijeme pripreme: 10 minuta
Porcije: 4

Sastojci:
- 2 šalice badema
- ¼ šalice naribanog kokosa
- 1 mango, oguljen i narezan na kockice
- 1 šalica suncokretovih sjemenki
- Sprej za kuhanje

Upute:
1. Rasporedite bademe, kokos, mango i sjemenke suncokreta na lim za pečenje, premažite sprejom za kuhanje, okrenite i pecite na 400 stupnjeva F 10 minuta.
2. Podijelite u zdjelice i poslužite kao međuobrok.

Prehrana: kalorija 411, masti 31,8, vlakna 8,7, ugljikohidrati 25,8, proteini 13,3

Čips

Vrijeme pripreme: 10 minuta
Vrijeme pripreme: 20 minuta
Porcije: 4

Sastojci:
- 4 zlatna krumpira, oguljena i tanko narezana
- 2 žlice maslinovog ulja
- 1 žlica čilija u prahu
- 1 žličica slatke paprike
- 1 žlica nasjeckanog vlasca

Upute:
1. Rasporedite čips na obložen lim za pečenje, dodajte ulje i ostale sastojke, okrenite, stavite u pećnicu i pecite na 390 stupnjeva F 20 minuta.
2. Podijelite u zdjelice i poslužite.

Prehrana: kalorija 118, masti 7,4, vlakna 2,9, ugljikohidrati 13,4, proteini 1,3

Umak od kelja

Vrijeme pripreme: 10 minuta
Vrijeme pripreme: 20 minuta
Porcije: 4

Sastojci:
- 1 vezica lišća kelja
- 1 šalica kokosovog vrhnja
- 1 ljutika, nasjeckana
- 1 žlica maslinovog ulja
- 1 žličica čilija u prahu
- Prstohvat crnog papra

Upute:
1. Zagrijte tavu s uljem na srednje jakoj vatri, dodajte ljutiku, promiješajte i pržite 4 minute.
2. Dodajte kelj i ostale sastojke, zakuhajte i kuhajte na srednje jakoj vatri 16 minuta.
3. Izmiksajte uronjenim blenderom, podijelite u zdjelice i poslužite kao međuobrok.

Prehrana: kalorija 188, masti 17,9, vlakna 2,1, ugljikohidrati 7,6, proteini 2,5

Čips od cikle

Vrijeme pripreme: 10 minuta
Vrijeme pripreme: 35 minuta
Porcije: 4

Sastojci:
- 2 cikle oguljene i tanko narezane
- 1 žlica ulja avokada
- 1 žličica kumina, mljevenog
- 1 žličica zdrobljenih sjemenki komorača
- 2 žličice češnjaka, mljevenog

Upute:
1. Rasporedite čips od cikle na obložen lim za pečenje, dodajte ulje i ostale sastojke, promiješajte, stavite u pećnicu i pecite na 400 stupnjeva F 35 minuta.
2. Podijeliti u zdjelice i poslužiti kao međuobrok.

Prehrana: kalorije 32, masti 0,7, vlakna 1,4, ugljikohidrati 6,1, proteini 1,1

Umak od tikvica

Vrijeme pripreme: 5 minuta
Vrijeme pripreme: 10 minuta
Porcije: 4

Sastojci:
- ½ šalice jogurta bez masnoće
- 2 tikvice, nasjeckane
- 1 žlica maslinovog ulja
- 2 mlada luka nasjeckana
- ¼ šalice temeljca od povrća s niskim sadržajem natrija
- 2 češnja češnjaka, mljevena
- 1 žlica kopra, nasjeckanog
- Prstohvat muškatnog oraščića, mljevenog

Upute:
1. Zagrijte tavu s uljem na srednje jakoj vatri, dodajte luk i češnjak, promiješajte i pržite 3 minute.
2. Dodajte tikvice i ostale sastojke osim jogurta, promiješajte, kuhajte još 7 minuta i maknite s vatre.
3. Dodajte jogurt, izmiksajte mikserom, podijelite u zdjelice i poslužite.

Prehrana: kalorija 76, masti 4,1, vlakna 1,5, ugljikohidrati 7,2, proteini 3,4

Mješavina sjemenki i jabuke

Vrijeme pripreme: 10 minuta
Vrijeme pripreme: 20 minuta
Porcije: 4

Sastojci:
- 2 žlice maslinovog ulja
- 1 žličica dimljene paprike
- 1 šalica suncokretovih sjemenki
- 1 šalica chia sjemenki
- 2 jabuke, očišćene od koštice i narezane na kockice
- ½ žličice kumina, mljevenog
- Prstohvat kajenskog papra

Upute:
1. Pomiješajte sjemenke s jabukama i ostalim sastojcima u zdjeli, promiješajte, rasporedite po obloženom limu za pečenje, stavite u pećnicu i pecite na 350 stupnjeva F 20 minuta.
2. Podijelite u zdjelice i poslužite kao međuobrok.

Prehrana: kalorije 222, masti 15,4, vlakna 6,4, ugljikohidrati 21,1, proteini 4

Namaz od bundeve

Vrijeme pripreme: 5 minuta
Vrijeme pripreme: 0 minuta
Porcije: 4

Sastojci:
- 2 šalice mesa bundeve
- ½ šalice sjemenki bundeve
- 1 žlica soka od limuna
- 1 žlica paste od sjemenki sezama
- 1 žlica maslinovog ulja

Upute:
1. Bundevu sa sjemenkama i ostalim sastojcima izmiksajte u blenderu, dobro izmiksajte, podijelite u zdjelice i poslužite kao svečani prilog.

Prehrana: kalorije 162, masti 12,7, vlakna 2,3, ugljikohidrati 9,7, proteini 5,5

Namaz od špinata

Vrijeme pripreme: 10 minuta
Vrijeme pripreme: 20 minuta
Porcije: 4

Sastojci:
- 1 funta špinata, nasjeckanog
- 1 šalica kokosovog vrhnja
- 1 šalica nemasne mozzarelle, nasjeckane
- Prstohvat crnog papra
- 1 žlica kopra, nasjeckanog

Upute:
1. U tepsiji pomiješajte špinat s vrhnjem i ostalim sastojcima, dobro promiješajte, stavite u pećnicu i pecite na 400 stupnjeva F 20 minuta.
2. Podijelite u zdjelice i poslužite.

Prehrana: kalorija 186, masti 14,8, vlakna 4,4, ugljikohidrati 8,4, proteini 8,8

Salsa od maslina i korijandera

Vrijeme pripreme: 5 minuta
Vrijeme pripreme: 0 minuta
Porcije: 4

Sastojci:
- 1 glavica crvenog luka nasjeckana
- 1 šalica crnih maslina, očišćenih od koštica i prepolovljenih
- 1 krastavac, narezan na kockice
- ¼ šalice cilantra, nasjeckanog
- Prstohvat crnog papra
- 2 žlice soka od limete

Upute:
1. U zdjeli pomiješajte masline s krastavcem i ostalim sastojcima, promiješajte i poslužite hladno kao međuobrok.

Prehrana: kalorija 64, masti 3,7, vlakna 2,1, ugljikohidrati 8,4, proteini 1,1

Umak od vlasca i cikle

Vrijeme pripreme: 5 minuta
Vrijeme pripreme: 25 minuta
Porcije: 4

Sastojci:
- 2 žlice maslinovog ulja
- 1 glavica crvenog luka nasjeckana
- 2 žlice vlasca, nasjeckanog
- Prstohvat crnog papra
- 1 cikla, oguljena i nasjeckana
- 8 unci nemasnog krem sira
- 1 šalica kokosovog vrhnja

Upute:
1. Zagrijte tavu s uljem na srednje jakoj vatri, dodajte luk i pržite 5 minuta.
2. Dodajte ostale sastojke i kuhajte još 20 minuta uz često miješanje.
3. Prebacite smjesu u blender, dobro izmiksajte, podijelite u zdjelice i poslužite.

Prehrana: kalorija 418, masti 41,2, vlakna 2,5, ugljikohidrati 10, proteini 6,4

Salsa od krastavaca

Vrijeme pripreme: 5 minuta
Vrijeme pripreme: 0 minuta
Porcije: 4

Sastojci:
- 1 funta krastavaca narezanih na kockice
- 1 avokado, oguljen, bez koštica i narezan na kockice
- 1 žlica kapara, ocijeđenih
- 1 žlica nasjeckanog vlasca
- 1 manji crveni luk narezan na kockice
- 1 žlica maslinovog ulja
- 1 žlica balzamičnog octa

Upute:
1. Pomiješajte krastavce u zdjeli s avokadom i ostalim sastojcima, okrenite, podijelite u male čašice i poslužite.

Prehrana: kalorije 132, masti 4,4, vlakna 4, ugljikohidrati 11,6, proteini 4,5

Umak od slanutka

Vrijeme pripreme: 5 minuta
Vrijeme pripreme: 0 minuta
Porcije: 4

Sastojci:
- 1 žlica maslinovog ulja
- 1 žlica soka od limuna
- 1 žlica paste od sjemenki sezama
- 2 žlice vlasca, nasjeckanog
- 2 mlada luka nasjeckana
- 2 šalice konzerviranog slanutka, bez dodavanja soli, ocijeđenog i ispranog

Upute:
1. U blenderu pomiješajte slanutak s uljem i ostalim sastojcima osim vlasca, dobro izmiksajte, podijelite u zdjelice, pospite vlascem po vrhu i poslužite.

Prehrana: kalorija 280, masti 13,3, vlakna 5,5, ugljikohidrati 14,8, proteini 6,2

Umak od maslina

Vrijeme pripreme: 4 minute
Vrijeme pripreme: 0 minuta
Porcije: 4

Sastojci:
- 2 šalice crnih maslina, očišćenih od koštica i nasjeckanih
- 1 šalica nasjeckane metvice
- 2 žlice ulja avokada
- ½ šalice kokosovog vrhnja
- ¼ šalice soka od limete
- Prstohvat crnog papra

Upute:
1. U svom blenderu pomiješajte masline s mentom i ostalim sastojcima, dobro izmiksajte, podijelite u zdjelice i poslužite.

Prehrana: kalorija 287, masti 13,3, vlakna 4,7, ugljikohidrati 17,4, proteini 2,4

Kokosov umak od luka

Vrijeme pripreme: 5 minuta
Vrijeme pripreme: 0 minuta
Porcije: 4

Sastojci:
- 4 mlada luka nasjeckana
- 1 ljutika, nasjeckana
- 1 žlica soka od limete
- Prstohvat crnog papra
- 2 unce nemasnog sira mozzarella, nasjeckanog
- 1 šalica kokosovog vrhnja
- 1 žlica nasjeckanog peršina

Upute:
1. U blenderu pomiješajte mladi luk sa ljutikom i ostalim sastojcima, dobro izmiksajte, podijelite u zdjelice i poslužite kao umak za zabavu.

Prehrana: kalorija 271, masti 15,3, vlakna 5, ugljikohidrati 15,9, proteini 6,9

Umak od pinjola i kokosa

Vrijeme pripreme: 5 minuta
Vrijeme pripreme: 0 minuta
Porcije: 4

Sastojci:
- 8 unci kokosovog vrhnja
- 1 žlica nasjeckanih pinjola
- 2 žlice nasjeckanog peršina
- Prstohvat crnog papra

Upute:
1. Kremu zajedno s pinjolima i ostalim sastojcima stavite u zdjelu, dobro umutite, podijelite u zdjelice i poslužite.

Prehrana: kalorija 281, masti 13, vlakna 4,8, ugljikohidrati 16, proteini 3,56

Salsa od rikule i krastavaca

Vrijeme pripreme: 5 minuta
Vrijeme pripreme: 0 minuta
Porcije: 4

Sastojci:
- 4 mladog luka, nasjeckanog
- 2 rajčice, narezane na kockice
- 4 krastavca, narezana na kockice
- 1 žlica balzamičnog octa
- 1 šalica listova mlade rikule
- 2 žlice soka od limuna
- 2 žlice maslinovog ulja
- Prstohvat crnog papra

Upute:
1. Pomiješajte mladi luk u zdjelici s rajčicama i ostalim sastojcima, okrenite, podijelite u male zdjelice i poslužite kao međuobrok.

Prehrana: kalorija 139, masti 3,8, vlakna 4,5, ugljikohidrati 14, proteini 5,4

Umak od sira

Vrijeme pripreme: 5 minuta
Vrijeme pripreme: 0 minuta
Porcije: 6

Sastojci:

- 1 žlica metvice, nasjeckane
- 1 žlica nasjeckanog origana
- 10 unci krem sira bez masti
- ½ šalice đumbira, narezanog na kriške
- 2 žlice kokosovih aminokiselina

Upute:

1. Pomiješajte krem sir s đumbirom i ostalim sastojcima u blenderu, dobro izmiksajte, podijelite u male šalice i poslužite.

Prehrana: kalorija 388, masti 15,4, vlakna 6, ugljikohidrati 14,3, proteini 6

Paprika Jogurt Dip

Vrijeme pripreme: 5 minuta
Vrijeme pripreme: 0 minuta
Porcije: 4

Sastojci:
- 3 šalice jogurta bez masnoće
- 2 mlada luka nasjeckana
- 1 žličica slatke paprike
- ¼ šalice nasjeckanih badema
- ¼ šalice nasjeckanog kopra

Upute:
1. U zdjeli pomijcšajtc jogurt s lukom i ostalim sastojcima, umutite, podijelite u zdjelice i poslužite.

Prehrana: kalorija 181, masti 12,2, vlakna 6, ugljikohidrati 14,1, proteini 7

Salsa od cvjetače

Vrijeme pripreme: 5 minuta
Vrijeme pripreme: 0 minuta
Porcije: 4

Sastojci:
- 1 funta cvjetova cvjetače, blanširanih
- 1 šalica kalamata maslina, bez koštica i prepolovljenih
- 1 šalica cherry rajčica, prepolovljenih
- 1 žlica maslinovog ulja
- 1 žlica soka od limete
- Prstohvat crnog papra

Upute:
1. Pomiješajte cvjetaču s maslinama i ostalim sastojcima u zdjeli, okrenite i poslužite.

Prehrana: kalorija 139, masti 4, vlakna 3,6, ugljikohidrati 5,5, proteini 3,4

Širenje putovanja

Vrijeme pripreme: 5 minuta
Vrijeme pripreme: 0 minuta
Porcije: 4

Sastojci:
- 8 unci kokosovog vrhnja
- 1 funta škampa, kuhanih, oguljenih, očišćenih i nasjeckanih
- 2 žlice kopra, nasjeckanog
- 2 mlada luka nasjeckana
- 1 žlica korijandera, nasjeckanog
- Prstohvat crnog papra

Upute:
1. U zdjeli pomiješajte kozice s vrhnjem i ostalim sastojcima, umutite i poslužite kao namaz za zabavu.

Prehrana: kalorije 362, masti 14,3, vlakna 6, ugljikohidrati 14,6, proteini 5,9

Salsa od breskve

Vrijeme pripreme: 4 minute
Vrijeme pripreme: 0 minuta
Porcije: 4

Sastojci:
- 4 breskve očišćene od koštica i narezane na kockice
- 1 šalica kalamata maslina, bez koštica i prepolovljenih
- 1 avokado, bez koštice, oguljen i narezan na kockice
- 1 šalica cherry rajčica, prepolovljenih
- 1 žlica maslinovog ulja
- 1 žlica soka od limete
- 1 žlica korijandera, nasjeckanog

Upute:
1. Pomiješajte breskve s maslinama i ostalim sastojcima u zdjeli, dobro promiješajte i poslužite hladno.

Prehrana: kalorija 200, masti 7,5, vlakna 5, ugljikohidrati 13,3, proteini 4,9

Čips od mrkve

Vrijeme pripreme: 10 minuta
Vrijeme pripreme: 20 minuta
Porcije: 4

Sastojci:
- 4 mrkve, tanko narezane
- 2 žlice maslinovog ulja
- Prstohvat crnog papra
- 1 žličica slatke paprike
- ½ žličice kurkume u prahu
- Prstohvat listića crvene paprike

Upute:
1. U zdjeli pomiješajte čips od mrkve s uljem i ostalim sastojcima i promiješajte.
2. Rasporedite čips na obložen lim za pečenje, pecite na 400 stupnjeva F 25 minuta, podijelite u zdjelice i poslužite kao međuobrok.

Prehrana: kalorija 180, masti 3, vlakna 3,3, ugljikohidrati 5,8, proteini 1,3

Zalogaji šparoga

Vrijeme pripreme: 4 minute
Vrijeme pripreme: 20 minuta
Porcije: 4

Sastojci:
- 2 žlice kokosovog ulja, otopljenog
- 1 funta šparoga, orezanih i prepolovljenih
- 1 žličica češnjaka u prahu
- 1 žličica ružmarina, osušenog
- 1 žličica čilija u prahu

Upute:
1. U zdjeli pomiješajte šparoge s uljem i ostalim sastojcima, preokrenite, rasporedite po obloženom plehu i pecite na 400 stupnjeva F 20 minuta.
2. Podijelite u zdjelice i poslužite hladno kao međuobrok.

Prehrana: kalorija 170, masti 4,3, vlakna 4, ugljikohidrati 7, proteini 4,5

Zdjelice od pečenih smokava

Vrijeme pripreme: 4 minute
Vrijeme pripreme: 12 minuta
Porcije: 4

Sastojci:
- 8 smokava, prepolovljenih
- 1 žlica ulja avokada
- 1 žličica mljevenog muškatnog oraščića

Upute:
1. Pomiješajte smokve u tavi za pečenje s uljem i muškatnim oraščićem, okrenite i pecite na 400 stupnjeva F 12 minuta.
2. Smokve rasporedite u zdjelice i poslužite kao međuobrok.

Prehrana: kalorija 180, masti 4,3, vlakna 2, ugljikohidrati 2, proteini 3,2

Salsa od kupusa i škampa

Vrijeme pripreme: 5 minuta
Vrijeme pripreme: 6 minuta
Porcije: 4

Sastojci:
- 2 šalice crvenog kupusa, nasjeckanog
- 1 funta škampa, oguljenih i očišćenih
- 1 žlica maslinovog ulja
- Prstohvat crnog papra
- 2 mlada luka nasjeckana
- 1 šalica rajčice, narezane na kockice
- ½ žličice češnjaka u prahu

Upute:
1. Zagrijte tavu s uljem na srednje jakoj vatri, dodajte kozice, okrenite i pecite 3 minute sa svake strane.
2. U zdjeli pomiješajte kupus s kozicama i ostalim sastojcima, okrenite, podijelite u zdjelice i poslužite.

Prehrana: kalorija 225, masti 9,7, vlakna 5,1, ugljikohidrati 11,4, proteini 4,5

Kriške avokada

Vrijeme pripreme: 5 minuta
Vrijeme pripreme: 10 minuta
Porcije: 4

Sastojci:
- 2 avokada, oguljena, bez koštica i narezana na kockice
- 1 žlica ulja avokada
- 1 žlica soka od limete
- 1 žličica korijandera, mljevenog

Upute:
1. Raširite kriške avokada na obložen lim za pečenje, dodajte ulje i ostale sastojke, okrenite i pecite na 300 stupnjeva F 10 minuta.
2. Podijelite u šalice i poslužite kao međuobrok.

Prehrana: kalorija 212, masti 20,1, vlakna 6,9, ugljikohidrati 9,8, proteini 2

Dip od limuna

Vrijeme pripreme: 4 minute
Vrijeme pripreme: 0 minuta
Porcije: 4

Sastojci:
- 1 šalica nemasnog krem sira
- Crni papar po ukusu
- ½ šalice soka od limuna
- 1 žlica korijandera, nasjeckanog
- 3 češnja češnjaka, mljevena

Upute:
1. U multipraktiku pomiješajte krem sir s limunovim sokom i ostalim sastojcima, dobro promiješajte, podijelite u zdjelice i poslužite.

Prehrana: kalorija 213, masti 20,5, vlakna 0,2, ugljikohidrati 2,8, proteini 4,8

Umak od batata

Vrijeme pripreme: 10 minuta
Vrijeme pripreme: 40 minuta
Porcije: 4

Sastojci:
- 1 šalica slatkog krumpira, oguljenog i narezanog na kockice
- 1 žlica povrtnog temeljca s niskim sadržajem natrija
- Sprej za kuhanje
- 2 žlice kokosovog vrhnja
- 2 žličice ružmarina, osušenog
- Crni papar po ukusu

Upute:
1. Pomiješajte krumpire u tavi za pečenje s temeljcem i ostalim sastojcima, promiješajte, pecite na 365 stupnjeva F 40 minuta, prebacite u blender, dobro promiješajte, podijelite u male zdjelice i poslužite

Prehrana: kalorija 65, masti 2,1, vlakna 2, ugljikohidrati 11,3, proteini 0,8

Salsa od graha

Vrijeme pripreme: 5 minuta
Vrijeme pripreme: 0 minuta
Porcije: 4

Sastojci:
- 1 šalica konzerviranog crnog graha, bez dodane soli, ocijeđen
- 1 šalica konzerviranog crvenog graha, bez dodane soli, ocijeđen
- 1 žličica balzamičnog octa
- 1 šalica cherry rajčica, narezanih na kockice
- 1 žlica maslinovog ulja
- 2 ljutike, nasjeckane

Upute:
1. Pomiješajte mahune u zdjeli s octom i ostalim sastojcima, okrenite i poslužite kao zalogaj za zabavu.

Prehrana: kalorije 362, masti 4,8, vlakna 14,9, ugljikohidrati 61, proteini 21,4

Salsa od zelenog graha

Vrijeme pripreme: 10 minuta
Vrijeme pripreme: 10 minuta
Porcije: 4

Sastojci:
- 1 funta zelenog graha, orezanog i prepolovljenog
- 1 žlica maslinovog ulja
- 2 žličice kapara, ocijeđenih
- 6 unci zelenih maslina, bez koštica i narezanih
- 4 češnja češnjaka, nasjeckana
- 1 žlica soka od limete
- 1 žlica nasjeckanog origana
- Crni papar po ukusu

Upute:
1. Zagrijte tavu s uljem na srednje jakoj vatri, dodajte češnjak i zelene mahune, okrenite i kuhajte 3 minute.
2. Dodati ostale sastojke, okrenuti, kuhati još 7 minuta, podijeliti u male šalice i poslužiti hladno.

Prehrana: kalorija 111, masti 6,7, vlakna 5,6, ugljikohidrati 13,2, proteini 2,9

Namaz od mrkve

Vrijeme pripreme: 10 minuta
Vrijeme pripreme: 30 minuta
Porcije: 4

Sastojci:
- 1 funta mrkve, oguljene i nasjeckane
- ½ šalice nasjeckanih oraha
- 2 šalice temeljca od povrća s niskim sadržajem natrija
- 1 šalica kokosovog vrhnja
- 1 žlica nasjeckanog ružmarina
- 1 žličica češnjaka u prahu
- ¼ žličice dimljene paprike

Upute:
1. U manjoj posudi pomiješajte mrkvu s temeljcem, orahe i ostale sastojke osim vrhnja i ružmarina, promiješajte, zakuhajte na srednjoj vatri, kuhajte 30 minuta, ocijedite i prebacite u blender.
2. Dodajte vrhnje, smjesu dobro sjedinite, podijelite u zdjelice, po vrhu pospite ružmarinom i poslužite.

Prehrana: kalorija 201, masti 8,7, vlakna 3,4, ugljikohidrati 7,8, proteini 7,7

Umak od rajčice

Vrijeme pripreme: 10 minuta
Vrijeme pripreme: 10 minuta
Porcije: 4

Sastojci:
- 1 funta rajčice, oguljene i nasjeckane
- ½ šalice češnjaka, mljevenog
- 2 žlice maslinovog ulja
- Prstohvat crnog papra
- 2 ljutike, nasjeckane
- 1 žličica majčine dušice, osušene

Upute:
1. Zagrijte tavu s uljem na srednje jakoj vatri, dodajte češnjak i ljutiku, promiješajte i pržite 2 minute.
2. Dodajte rajčice i ostale sastojke, kuhajte još 8 minuta i prebacite u blender.
3. Dobro pulsirajte, podijelite u male šalice i poslužite kao međuobrok.

Prehrana: kalorije 232, masti 11,3, vlakna 3,9, ugljikohidrati 7,9, proteini 4,5

Zdjelice za losos

Vrijeme pripreme: 10 minuta
Vrijeme pripreme: 0 minuta
Porcije: 6

Sastojci:
- 1 žlica ulja avokada
- 1 žlica balzamičnog octa
- ½ žličice origana, osušenog
- 1 šalica dimljenog lososa, bez dodane soli, bez kostiju, kože i narezan na kockice
- 1 šalica salse
- 4 šalice mladog špinata

Upute:
1. U zdjeli pomiješajte losos sa salsom i ostalim sastojcima, okrenite, podijelite u male šalice i poslužite.

Prehrana: kalorija 281, masti 14,4, vlakna 7,4, ugljikohidrati 18,7, proteini 7,4

Salsa od rajčice i kukuruza

Vrijeme pripreme: 4 minute
Vrijeme pripreme: 0 minuta
Porcije: 4

Sastojci:
- 3 šalice kukuruza
- 2 šalice rajčice narezane na kockice
- 2 zelena luka, nasjeckana
- 2 žlice maslinovog ulja
- 1 crvena čili papričica, nasjeckana
- ½ žlice nasjeckanog vlasca

Upute:
1. U zdjelu za salatu pomiješajte rajčice s kukuruzom i ostalim sastojcima, okrenite i poslužite hladno kao međuobrok.

Prehrana: kalorija 178, masti 8,6, vlakna 4,5, ugljikohidrati 25,9, proteini 4,7

Pečene gljive

Vrijeme pripreme: 10 minuta
Vrijeme pripreme: 25 minuta
Porcije: 4

Sastojci:
- 1 funta malih klobuka gljiva
- 2 žlice maslinovog ulja
- 1 žlica nasjeckanog vlasca
- 1 žlica nasjeckanog ružmarina
- Crni papar po ukusu

Upute:
1. Gljive stavite u posudu za pečenje, dodajte ulje i ostale sastojke, okrenite, pecite na 400 stupnjeva 25 minuta, podijelite u zdjelice i poslužite kao međuobrok.

Prehrana: kalorija 215, masti 12,3, vlakna 6,7, ugljikohidrati 15,3, proteini 3,5

Grah s maslacem

Vrijeme pripreme: 5 minuta
Vrijeme pripreme: 0 minuta
Porcije: 4

Sastojci:
- ½ šalice kokosovog vrhnja
- 1 žlica maslinovog ulja
- 2 šalice konzerviranog crnog graha, bez dodane soli, ocijeđenog i ispranog
- 2 žlice zelenog luka, nasjeckanog

Upute:
1. U blenderu pomiješajte mahune s vrhnjem i ostalim sastojcima, dobro izmiksajte, podijelite u zdjelice i poslužite.

Prehrana: kalorija 311, masti 13,5, vlakna 6, ugljikohidrati 18,0, proteini 8

Salsa od korijandera i komorača

Vrijeme pripreme: 5 minuta
Vrijeme pripreme: 0 minuta
Porcije: 4

Sastojci:
- 2 mlada luka nasjeckana
- 2 lukovice komorača, nasjeckane
- 1 zelena čili papričica, nasjeckana
- 1 rajčica, nasjeckana
- 1 žličica kurkume u prahu
- 1 žličica soka od limete
- 2 žlice korijandera, nasjeckanog
- Crni papar po ukusu

Upute:
1. Koromač pomiješajte s lukom i ostalim sastojcima u zdjeli za salatu, okrenite, podijelite u šalice i poslužite.

Prehrana: kalorija 310, masti 11,5, vlakna 5,1, ugljikohidrati 22,3, proteini 6,5

Zalogaji prokulice

Vrijeme pripreme: 10 minuta
Vrijeme pripreme: 25 minuta
Porcije: 4

Sastojci:
- 1 funta prokulice, obrezane i prepolovljene
- 2 žlice maslinovog ulja
- 1 žlica kima, mljevenog
- 1 šalica kopra, nasjeckanog
- 2 češnja češnjaka, mljevena

Upute:
1. U tavi za pečenje pomiješajte prokulice s uljem i ostalim sastojcima, okrenite ih i pecite na 390 stupnjeva F 25 minuta.
2. Klice rasporedite u zdjelice i poslužite kao međuobrok.

Prehrana: kalorija 270, masti 10,3, vlakna 5,2, ugljikohidrati 11,1, proteini 6

Balzamični zalogaji oraha

Vrijeme pripreme: 10 minuta
Vrijeme pripreme: 15 minuta
Porcije: 4

Sastojci:
- 2 šalice oraha
- 3 žlice crvenog octa
- Malo maslinovog ulja
- Prstohvat kajenskog papra
- Prstohvat listića crvene paprike
- Crni papar po ukusu

Upute:
1. Rasporedite orahe na obložen lim za pečenje, dodajte ocat i ostale sastojke, okrenite i pecite na 400 stupnjeva F 15 minuta.
2. Rasporedite orahe u zdjelice i poslužite.

Prehrana: kalorija 280, masti 12,2, vlakna 2, ugljikohidrati 15,8, proteini 6

Čips od rotkvica

Vrijeme pripreme: 10 minuta
Vrijeme pripreme: 20 minuta
Porcije: 4

Sastojci:
- 1 funta rotkvica, tanko narezanih
- Prstohvat kurkume u prahu
- Crni papar po ukusu
- 2 žlice maslinovog ulja

Upute:
1. Rasporedite čips od rotkvica na obložen lim za pečenje, dodajte ulje i ostale sastojke, okrenite i pecite na 400 stupnjeva F 20 minuta.
2. Pomfrit podijelite u zdjelice i poslužite.

Prehrana: kalorija 120, masti 8,3, vlakna 1, ugljikohidrati 3,8, proteini 6

Salata od poriluka i kozica

Vrijeme pripreme: 4 minute
Vrijeme pripreme: 0 minuta
Porcije: 4

Sastojci:
- 2 poriluka narezana na ploške
- 1 šalica nasjeckanog cilantra
- 1 funta škampa, oguljenih, očišćenih i kuhanih
- Sok od 1 limete
- 1 žlica naribane korice limete
- 1 šalica cherry rajčica, prepolovljenih
- 2 žlice maslinovog ulja
- Sol i crni papar po ukusu

Upute:
1. Pomiješajte kozice s porilukom i ostalim sastojcima u zdjeli za salatu, okrenite, podijelite u male čašice i poslužite.

Prehrana: kalorija 280, masti 9,1, vlakna 5,2, ugljikohidrati 12,6, proteini 5

Umak od poriluka

Vrijeme pripreme: 5 minuta
Vrijeme pripreme: 0 minuta
Porcije: 4

Sastojci:
- 1 žlica soka od limuna
- ½ šalice nemasnog krem sira
- 2 žlice maslinovog ulja
- Crni papar po ukusu
- 4 poriluka nasjeckana
- 1 žlica korijandera, nasjeckanog

Upute:
1. U blenderu pomiješajte krem sir s porilukom i ostalim sastojcima, dobro izmiksajte, podijelite u zdjelice i poslužite kao umak za zabavu.

Prehrana: kalorija 300, masti 12,2, vlakna 7,6, ugljikohidrati 14,7, proteini 5,6

Slatka paprika

Vrijeme pripreme: 5 minuta
Vrijeme pripreme: 0 minuta
Porcije: 4

Sastojci:
- ½ funte crvene paprike, narezane na tanke trakice
- 3 zelena luka, nasjeckana
- 1 žlica maslinovog ulja
- 2 žličice đumbira, naribanog
- ½ žličice ružmarina, osušenog
- 3 žlice balzamičnog octa

Upute:
1. U zdjeli za salatu pomiješajte papriku s lukom i ostalim sastojcima, promiješajte, podijelite u male čašice i poslužite.

Prehrana: kalorija 160, masti 6, vlakna 3, ugljikohidrati 10,9, proteini 5,2

Namaz od avokada

Vrijeme pripreme: 4 minute
Vrijeme pripreme: 0 minuta
Porcije: 4

Sastojci:
- 2 žlice kopra, nasjeckanog
- 1 ljutika, nasjeckana
- 2 češnja češnjaka, mljevena
- 2 avokada, oguljena, bez koštica i nasjeckana
- 1 šalica kokosovog vrhnja
- 2 žlice maslinovog ulja
- 2 žlice soka od limete
- Crni papar po ukusu

Upute:
1. U blenderu pomiješajte avokado sa ljutikom, češnjakom i ostalim sastojcima, dobro izmiksajte, podijelite u male zdjelice i poslužite kao međuobrok.

Prehrana: kalorija 300, masti 22,3, vlakna 6,4, ugljikohidrati 42, proteini 8,9

Umak od kukuruza

Vrijeme pripreme: 30 minuta
Vrijeme pripreme: 0 minuta
Porcije: 4

Sastojci:
- Prstohvat kajenskog papra
- Prstohvat crnog papra
- 2 šalice kukuruza
- 1 šalica kokosovog vrhnja
- 2 žlice soka od limuna
- 2 žlice ulja avokada

Upute:
1. U blenderu pomiješajte kukuruz s vrhnjem i ostalim sastojcima, dobro izmiksajte, podijelite u zdjelice i poslužite kao party dip.

Prehrana: kalorija 215, masti 16,2, vlakna 3,8, ugljikohidrati 18,4, proteini 4

Šipke od graha

Vrijeme pripreme: 2 sata
Vrijeme pripreme: 0 minuta
Porcije: 12

Sastojci:
- 1 šalica konzerviranog crnog graha, bez dodane soli, ocijeđen
- 1 šalica kokosovih pahuljica, nezaslađenih
- 1 šalica nemasnog maslaca
- ½ šalice chia sjemenki
- ½ šalice kokosovog vrhnja

Upute:
1. Mahune s kokosovim listićima i ostalim sastojcima izmiješajte u blenderu, dobro izmiksajte, raspodijelite u četvrtastu tepsiju, pritisnite, stavite u hladnjak na 2 sata, narežite na štanglice srednje veličine i poslužite.

Prehrana: kalorija 141, masti 7, vlakna 5, ugljikohidrati 16,2, proteini 5

Mješavina sjemenki bundeve i čipsa od jabuke

Vrijeme pripreme: 10 minuta
Vrijeme pripreme: 2 sata
Porcije: 4

Sastojci:

- Sprej za kuhanje
- 2 žličice muškatnog oraščića, mljevenog
- 1 šalica sjemenki bundeve
- 2 jabuke, očišćene od koštice i tanko narezane

Upute:

1. Rasporedite sjemenke bundeve i čips od jabuke na obložen lim za pečenje, pospite muškatnim oraščićem, poprskajte, stavite u pećnicu i pecite na 300 stupnjeva F 2 sata.
2. Podijelite u zdjelice i poslužite kao međuobrok.

Prehrana: kalorija 80, masti 0, vlakna 3, ugljikohidrati 7, proteini 4

Umak od rajčica i jogurta

Vrijeme pripreme: 5 minuta
Vrijeme pripreme: 0 minuta
Porcije: 4

Sastojci:
- 2 šalice grčkog jogurta bez masti
- 1 žlica nasjeckanog peršina
- ¼ šalice konzervirane rajčice, bez dodane soli, nasjeckane
- 2 žlice vlasca, nasjeckanog
- Crni papar po ukusu

Upute:
1. U zdjelici pomiješajte jogurt s peršinom i ostalim sastojcima, dobro umutite, podijelite u zdjelice i poslužite kao umak za zabavu.

Prehrana: kalorija 78, masti 0, vlakna 0,2, ugljikohidrati 10,6, proteini 8,2

Zdjelice od kajenske repe

Vrijeme pripreme: 10 minuta
Vrijeme pripreme: 35 minuta
Porcije: 2

Sastojci:
- 1 žličica kajenskog papra
- 2 cikle oguljene i narezane na kockice
- 1 žličica ružmarina, osušenog
- 1 žlica maslinovog ulja
- 2 žličice soka od limete

Upute:
1. U tavi za pečenje pomiješajte komade cikle s kajenskom paprikom i ostalim sastojcima, okrenite, stavite u pećnicu, pecite na 355 stupnjeva F 35 minuta, podijelite u male zdjelice i poslužite kao međuobrok.

Prehrana: kalorija 170, masti 12,2, vlakna 7, ugljikohidrati 15,1, proteini 6

Zdjelice s orasima i pekan pekan

Vrijeme pripreme: 10 minuta
Vrijeme pripreme: 10 minuta
Porcije: 4

Sastojci:
- 2 dl oraha
- 1 šalica nasjeckanih oraha oraha
- 1 žličica ulja avokada
- ½ žličice slatke paprike

Upute:
1. Raširite grožđe i pekan orahe na obložen lim za pečenje, dodajte ulje i papriku, okrenite i pecite na 400 stupnjeva F 10 minuta.
2. Podijelite u zdjelice i poslužite kao međuobrok.

Prehrana: kalorija 220, masti 12,4, vlakna 3, ugljikohidrati 12,9, proteini 5,6

Muffini s lososom od peršina

Vrijeme pripreme: 10 minuta
Vrijeme pripreme: 25 minuta
Porcije: 4

Sastojci:
- 1 šalica nemasnog sira mozzarella, nasjeckanog
- 8 unci dimljenog lososa, bez kože, s kostima i nasjeckanog
- 1 šalica bademovog brašna
- 1 jaje, tučeno
- 1 žličica peršina, osušenog
- 1 režanj češnjaka, samljeven
- Crni papar po ukusu
- Sprej za kuhanje

Upute:
1. U zdjeli pomiješajte losos s mozzarellom i ostalim sastojcima osim spreja za kuhanje i dobro promiješajte.
2. Ovu smjesu rasporedite u pleh za muffine namazan sprejom za kuhanje, pecite u pećnici na 375 stupnjeva F 25 minuta i poslužite kao međuobrok.

Prehrana: kalorije 273, masti 17, vlakna 3,5, ugljikohidrati 6,9, proteini 21,8

Loptice za squash

Vrijeme pripreme: 10 minuta
Vrijeme pripreme: 20 minuta
Porcije: 8

Sastojci:
- Malo maslinovog ulja
- 1 velika butternut tikva, oguljena i nasjeckana
- 2 žlice korijandera, nasjeckanog
- 2 jaja, istučena
- ½ šalice integralnog pšeničnog brašna
- Crni papar po ukusu
- 2 ljutike, nasjeckane
- 2 češnja češnjaka, mljevena

Upute:
1. Tikvu pomiješajte s korijanderom i ostalim sastojcima osim ulja u zdjeli, dobro promiješajte i od te smjese oblikujte okruglice srednje veličine.
2. Posložite ih u obložen lim za pečenje, premažite uljem, pecite na 400 stupnjeva F 10 minuta sa svake strane, podijelite u zdjelice i poslužite.

Prehrana: kalorija 78, masti 3, vlakna 0,9, ugljikohidrati 10,8, proteini 2,7

Zdjelice od sira i bisernog luka

Vrijeme pripreme: 10 minuta
Vrijeme pripreme: 30 minuta
Porcije: 8

Sastojci:
- 20 glavica bijelog bisernog luka, oguljenih
- 3 žlice nasjeckanog peršina
- 1 žlica nasjeckanog vlasca
- Crni papar po ukusu
- 1 šalica nemasne mozzarelle, nasjeckane
- 1 žlica maslinovog ulja

Upute:
1. Raširite biserni luk na obloženu tepsiju, dodajte ulje, peršin, vlasac i crni papar i promiješajte.
2. Po vrhu pospite mozzarellu, pecite na 390 stupnjeva F 30 minuta, podijelite u zdjelice i poslužite hladno kao međuobrok.

Prehrana: kalorija 136, masti 2,7, vlakna 6, ugljikohidrati 25,9, proteini 4,1

Pločice brokule

Vrijeme pripreme: 10 minuta
Vrijeme pripreme: 25 minuta
Porcije: 8

Sastojci:

- 1 funta cvjetova brokule, nasjeckanih
- ½ šalice nemasnog sira mozzarella, nasjeckanog
- 2 jaja, istučena
- 1 žličica origana, osušenog
- 1 žličica bosiljka, osušenog
- Crni papar po ukusu

Upute:

1. U zdjeli pomiješajte brokulu sa sirom i ostalim sastojcima, dobro promiješajte, rasporedite u pravokutnu tepsiju i dobro utisnite na dno.
2. Stavite u pećnicu na 380 stupnjeva F, pecite 25 minuta, narežite na štanglice i poslužite hladno.

Prehrana: kalorija 46, masti 1,3, vlakna 1,8, ugljikohidrati 4,2, proteini 5

Salsa od ananasa i rajčice

Vrijeme pripreme: 10 minuta
Vrijeme pripreme: 40 minuta
Porcije: 4

Sastojci:
- Limenka ananasa od 20 unci, ocijeđena i narezana na kockice
- 1 šalica sušenih rajčica narezanih na kockice
- 1 žlica nasjeckanog bosiljka
- 1 žlica ulja avokada
- 1 žličica soka od limete
- 1 šalica crnih maslina, očišćenih od koštica i narezanih na ploške
- Crni papar po ukusu

Upute:
1. U zdjelu pomiješajte kockice ananasa s rajčicama i ostalim sastojcima, okrenite, podijelite u manje čašice i poslužite kao međuobrok.

Prehrana: kalorija 125, masti 4,3, vlakna 3,8, ugljikohidrati 23,6, proteini 1,5

Mješavina puretine i artičoka

Vrijeme pripreme: 5 minuta
Vrijeme pripreme: 25 minuta
Porcije: 4

Sastojci:
- 2 žlice maslinovog ulja
- 1 pureća prsa, bez kože, kostiju i narezana
- Prstohvat crnog papra
- 1 žlica nasjeckanog bosiljka
- 3 češnja češnjaka, mljevena
- 14 unci konzerviranih artičoka, bez dodane soli, nasjeckane
- 1 šalica kokosovog vrhnja
- ¾ šalice nemasne mozzarelle, nasjeckane

Upute:
1. Zagrijte tavu s uljem na srednje jakoj vatri, dodajte meso, češnjak i crni papar, okrenite i kuhajte 5 minuta.
2. Dodajte ostale sastojke osim sira, promiješajte i kuhajte na srednjoj vatri 15 minuta.
3. Pospite sirom, kuhajte još 5 minuta, podijelite na tanjure i poslužite.

Prehrana: kalorija 300, masti 22,2, vlakna 7,2, ugljikohidrati 16,5, proteini 13,6

Mješavina purećeg origana

Vrijeme pripreme: 10 minuta
Vrijeme pripreme: 30 minuta
Porcije: 4

Sastojci:
- 2 žlice ulja avokada
- 1 glavica crvenog luka nasjeckana
- 2 češnja češnjaka, mljevena
- Prstohvat crnog papra
- 1 žlica nasjeckanog origana
- 1 velika pureća prsa, bez kože, kostiju i narezana na kockice
- 1 i ½ dl goveđeg temeljca s niskim udjelom natrija
- 1 žlica nasjeckanog vlasca

Upute:
1. Zagrijte tavu s uljem na srednje jakoj vatri, dodajte luk, promiješajte i pržite 3 minute.
2. Dodajte češnjak i meso, okrenite i kuhajte još 3 minute.
3. Dodajte ostale sastojke, okrenite, pustite da se sve krčka na srednjoj vatri 25 minuta, podijelite na tanjure i poslužite.

Prehrana: kalorija 76, masti 2,1, vlakna 1,7, ugljikohidrati 6,4, proteini 8,3

Narančasta piletina

Vrijeme pripreme: 10 minuta
Vrijeme pripreme: 35 minuta
Porcije: 4

Sastojci:
- 1 žlica ulja avokada
- 1 funta pilećih prsa, bez kože, bez kostiju i prepolovljena
- 2 češnja češnjaka, mljevena
- 2 ljutike, nasjeckane
- ½ šalice soka od naranče
- 1 žlica narančine korice, naribane
- 3 žlice balzamičnog octa
- 1 žličica nasjeckanog ružmarina

Upute:
1. Zagrijte tavu s uljem na srednje jakoj vatri, dodajte ljutiku i češnjak, okrenite i pirjajte 2 minute.
2. Dodati meso, pažljivo okrenuti i kuhati još 3 minute.
3. Dodajte ostale sastojke, preokrenite, stavite posudu u pećnicu i pecite na 340 stupnjeva F 30 minuta.
4. Podijelite na tanjure i poslužite.

Prehrana: kalorija 159, masti 3,4, vlakna 0,5, ugljikohidrati 5,4, proteini 24,6

Puretina s češnjakom i gljive

Vrijeme pripreme: 10 minuta
Vrijeme pripreme: 40 minuta
Porcije: 4

Sastojci:
- 1 pureća prsa, bez kostiju, kože i narezana na kockice
- ½ funte bijelih gljiva, prepolovljenih
- 1/3 šalice kokosovih aminokiselina
- 2 češnja češnjaka, mljevena
- 2 žlice maslinovog ulja
- Prstohvat crnog papra
- 2 zelena luka, nasjeckana
- 3 žlice umaka od češnjaka
- 1 žlica nasjeckanog ružmarina

Upute:
1. Zagrijte tavu s uljem na srednje jakoj vatri, dodajte mladi luk, umak od češnjaka i češnjak te pirjajte 5 minuta.
2. Dodajte meso i pržite još 5 minuta.
3. Dodajte ostale sastojke, stavite u pećnicu i pecite na 390 stupnjeva F 30 minuta.
4. Smjesu podijelite na tanjure i poslužite.

Prehrana: kalorija 154, masti 8,1, vlakna 1,5, ugljikohidrati 11,5, proteini 9,8

Tava s piletinom i maslinama

Vrijeme pripreme: 10 minuta
Vrijeme pripreme: 25 minuta
Porcije: 4

Sastojci:
- 1 funta pilećih prsa, bez kože, bez kostiju i grubo narezana na kockice
- Prstohvat crnog papra
- 1 žlica ulja avokada
- 1 glavica crvenog luka nasjeckana
- 1 šalica kokosovog mlijeka
- 1 žlica soka od limuna
- 1 šalica kalamata maslina, bez koštica i narezanih
- ¼ šalice cilantra, nasjeckanog

Upute:
1. Zagrijte tavu s uljem na srednje jakoj vatri, dodajte luk i meso te pržite 5 minuta.
2. Dodajte ostale sastojke, promiješajte, zakuhajte i kuhajte na srednjoj vatri još 20 minuta.
3. Podijelite na tanjure i poslužite.

Prehrana: kalorija 409, masti 26,8, vlakna 3,2, ugljikohidrati 8,3, proteini 34,9

Mješavina balzamične puretine i breskve

Vrijeme pripreme: 10 minuta
Vrijeme pripreme: 25 minuta
Porcije: 4

Sastojci:
- 1 žlica ulja avokada
- 1 pureća prsa, bez kože, kostiju i narezana
- Prstohvat crnog papra
- 1 žuti luk nasjeckan
- 4 breskve očistite od koštica i narežite na kriške
- ¼ šalice balzamičnog octa
- 2 žlice vlasca, nasjeckanog

Upute:
1. Zagrijte tavu s uljem na srednje jakoj vatri, dodajte meso i luk, okrenite i pržite 5 minuta.
2. Dodajte ostale sastojke osim vlasca, lagano promiješajte i pecite na 390 stupnjeva F 20 minuta.
3. Sve podijelite na tanjure i poslužite s vlascem posutim po vrhu.

Prehrana: kalorije 123, masti 1,6, vlakna 3,3, ugljikohidrati 18,8, proteini 9,1

Kokosova piletina i špinat

Vrijeme pripreme: 10 minuta
Vrijeme pripreme: 25 minuta
Porcije: 4

Sastojci:
- 1 žlica ulja avokada
- 1 funta pilećih prsa, bez kože, kostiju i narezanih na kockice
- ½ žličice bosiljka, osušenog
- Prstohvat crnog papra
- ¼ šalice temeljca od povrća s niskim sadržajem natrija
- 2 šalice mladog špinata
- 2 ljutike, nasjeckane
- 2 češnja češnjaka, mljevena
- ½ žličice slatke paprike
- 2/3 šalice kokosovog vrhnja
- 2 žlice korijandera, nasjeckanog

Upute:
1. Zagrijte tavu s uljem na srednje jakoj vatri, dodajte meso, bosiljak, crni papar i pržite 5 minuta.
2. Dodajte ljutiku i češnjak i kuhajte još 5 minuta.
3. Dodajte ostale sastojke, promiješajte, zakuhajte i kuhajte na srednjoj vatri još 15 minuta.
4. Podijelite na tanjure i poslužite toplo.

Prehrana: kalorija 237, masti 12,9, vlakna 1,6, ugljikohidrati 4,7, proteini 25,8

Mješavina piletine i šparoga

Vrijeme pripreme: 10 minuta
Vrijeme pripreme: 25 minuta
Porcije: 4

Sastojci:
- 2 pileća prsa, bez kože, kostiju i narezana na kockice
- 2 žlice ulja avokada
- 2 mlada luka nasjeckana
- 1 vezica šparoga izrezana i prepolovljena
- ½ žličice slatke paprike
- Prstohvat crnog papra
- 14 unci konzerviranih rajčica, bez dodane soli, ocijeđenih i nasjeckanih

Upute:
1. Zagrijte tavu s uljem na srednje jakoj vatri, dodajte meso i mladi luk, promiješajte i pržite 5 minuta.
2. Dodati šparoge i ostale sastojke, okrenuti, poklopiti posudu i kuhati na srednje jakoj vatri 20 minuta.
3. Sve podijelite na tanjure i poslužite.

Prehrana: kalorija 171, masti 6,4, vlakna 2,6, ugljikohidrati 6,4, proteini 22,2

Puretina i kremasta brokula

Vrijeme pripreme: 10 minuta
Vrijeme pripreme: 25 minuta
Porcije: 4

Sastojci:
- 1 žlica maslinovog ulja
- 1 velika pureća prsa, bez kože, kostiju i narezana na kockice
- 2 šalice cvjetića brokule
- 2 ljutike, nasjeckane
- 2 češnja češnjaka, mljevena
- 1 žlica nasjeckanog bosiljka
- 1 žlica korijandera, nasjeckanog
- ½ šalice kokosovog vrhnja

Upute:
1. Zagrijte tavu s uljem na srednje jakoj vatri, dodajte meso, ljutiku i češnjak, okrenite i pržite 5 minuta.
2. Dodajte brokulu i ostale sastojke, sve promiješajte, kuhajte 20 minuta na srednjoj vatri, podijelite na tanjure i poslužite.

Prehrana: kalorija 165, masti 11,5, vlakna 2,1, ugljikohidrati 7,9, proteini 9,6

Mješavina zelenih mahuna s piletinom i koprom

Vrijeme pripreme: 10 minuta
Vrijeme pripreme: 25 minuta
Porcije: 4

Sastojci:
- 2 žlice maslinovog ulja
- 10 unci zelenog graha, podrezanog i prepolovljenog
- 1 žuti luk nasjeckan
- 1 žlica kopra, nasjeckanog
- 2 pileća prsa, bez kože, otkoštena i prepolovljena
- 2 šalice umaka od rajčice, bez dodane soli
- ½ žličice mljevene crvene paprike

Upute:
1. Zagrijte tavu s uljem na srednje jakoj vatri, dodajte luk i meso te pržite 2 minute sa svake strane.
2. Dodajte zelene mahune i ostale sastojke, promiješajte, stavite u pećnicu i pecite na 380 stupnjeva F 20 minuta.
3. Podijelite na tanjure i odmah poslužite.

Prehrana: kalorija 391, masti 17,8, vlakna 5, ugljikohidrati 14,8, proteini 43,9

Piletina i čili tikvice

Vrijeme pripreme: 5 minuta
Vrijeme pripreme: 25 minuta
Porcije: 4

Sastojci:
- 1 funta pilećih prsa, bez kože, kostiju i narezanih na kockice
- 1 šalica pilećeg temeljca s niskim sadržajem natrija
- 2 krupno narezane tikvice
- 1 žlica maslinovog ulja
- 1 šalica konzervirane rajčice, bez dodane soli, nasjeckane
- 1 žuti luk nasjeckan
- 1 žličica čilija u prahu
- 1 žlica korijandera, nasjeckanog

Upute:
1. Zagrijte tavu s uljem na srednje jakoj vatri, dodajte meso i luk, okrenite i pržite 5 minuta.
2. Dodajte tikvice i ostale sastojke, lagano promiješajte, smanjite vatru na srednju i kuhajte 20 minuta.
3. Sve podijelite na tanjure i poslužite.

Prehrana: kalorija 284, masti 12,3, vlakna 2,4, ugljikohidrati 8, proteini 35

Mješavina avokada i piletine

Vrijeme pripreme: 10 minuta
Vrijeme pripreme: 20 minuta
Porcije: 4

Sastojci:
- 2 pileća prsa, bez kože, otkoštena i prepolovljena
- Sok od ½ limuna
- 2 žlice maslinovog ulja
- 2 češnja češnjaka, mljevena
- ½ šalice temeljca od povrća s niskim sadržajem natrija
- 1 avokado, oguljen, bez koštica i narezan na kockice
- Prstohvat crnog papra

Upute:
1. Zagrijte tavu s uljem na srednje jakoj vatri, dodajte češnjak i meso te pržite 2 minute sa svake strane.
2. Dodajte limunov sok i ostale sastojke, zakuhajte i kuhajte na srednjoj vatri 15 minuta.
3. Podijelite cijelu smjesu na tanjure i poslužite.

Prehrana: kalorija 436, masti 27,3, vlakna 3,6, ugljikohidrati 5,6, proteini 41,8

Turska i Bok Choy

Vrijeme pripreme: 10 minuta
Vrijeme pripreme: 20 minuta
Porcije: 4

Sastojci:
- 1 pureća prsa, bez kostiju, kože i grubo narezana na kockice
- 2 mladog luka, nasjeckanog
- 1 funta bok choya, nasjeckanog
- 2 žlice maslinovog ulja
- ½ žličice đumbira, naribanog
- Prstohvat crnog papra
- ½ šalice temeljca od povrća s niskim sadržajem natrija

Upute:
1. Zagrijte tavu s uljem na srednje jakoj vatri, dodajte mladi luk i đumbir te pirjajte 2 minute.
2. Dodajte meso i pržite još 5 minuta.
3. Dodajte ostale sastojke, okrenite, pirjajte još 13 minuta, podijelite na tanjure i poslužite.

Prehrana: kalorija 125, masti 8, vlakna 1,7, ugljikohidrati 5,5, proteini 9,3

Piletina sa mješavinom crvenog luka

Vrijeme pripreme: 10 minuta
Vrijeme pripreme: 25 minuta
Porcije: 4

Sastojci:
- 2 pileća prsa, bez kože i kostiju i grubo narezana na kockice
- 3 glavice crvenog luka narezane na ploške
- 2 žlice maslinovog ulja
- 1 šalica povrtnog temeljca s niskim sadržajem natrija
- Prstohvat crnog papra
- 1 žlica korijandera, nasjeckanog
- 1 žlica nasjeckanog vlasca

Upute:
1. Zagrijte tavu s uljem na srednje jakoj vatri, dodajte luk i prstohvat crnog papra te pirjajte 10 minuta uz često miješanje.
2. Dodajte piletinu i kuhajte još 3 minute.
3. Dodajte ostale sastojke, zakuhajte i kuhajte na srednjoj vatri još 12 minuta.
4. Mješavinu piletine i luka podijelite na tanjure i poslužite.

Prehrana: kalorije 364, masti 17,5, vlakna 2,1, ugljikohidrati 8,8, proteini 41,7

Vruća puretina i riža

Vrijeme pripreme: 10 minuta
Vrijeme pripreme: 42 minute
Porcije: 4

Sastojci:
- 1 pureća prsa, bez kože, kostiju i narezana na kockice
- 1 šalica bijele riže
- 2 šalice temeljca od povrća s niskim sadržajem natrija
- 1 žličica ljute paprike
- 2 male Serrano paprike, nasjeckane
- 2 češnja češnjaka, mljevena
- 2 žlice maslinovog ulja
- ½ crvene paprike, nasjeckane
- Prstohvat crnog papra

Upute:
1. Zagrijte tavu s uljem na srednje jakoj vatri, dodajte Serrano papar i češnjak te pirjajte 2 minute.
2. Dodajte meso i pržite 5 minuta.
3. Dodajte rižu i ostale sastojke, prokuhajte i kuhajte na srednje jakoj vatri 35 minuta.
4. Promiješajte, podijelite na tanjure i poslužite.

Prehrana: kalorija 271, masti 7,7, vlakna 1,7, ugljikohidrati 42, proteini 7,8

Limun poriluk i piletina

Vrijeme pripreme: 10 minuta
Vrijeme pripreme: 40 minuta
Porcije: 4

Sastojci:
- 1 funta pilećih prsa, bez kože, kostiju i narezanih na kockice
- Prstohvat crnog papra
- 2 žlice ulja avokada
- 1 žlica paradajz sosa, bez dodatka soli
- 1 šalica povrtnog temeljca s niskim sadržajem natrija
- 4 poriluka, grubo nasjeckana
- ½ šalice soka od limuna

Upute:
1. Zagrijte tavu s uljem na srednje jakoj vatri, dodajte poriluk, promiješajte i pirjajte 10 minuta.
2. Dodajte piletinu i ostale sastojke, preokrenite, kuhajte na srednje jakoj vatri još 20 minuta, podijelite na tanjure i poslužite.

Prehrana: kalorije 199, masti 13,3, vlakna 5, ugljikohidrati 7,6, proteini 17,4

Puretina sa mješavinom savojskog kupusa

Vrijeme pripreme: 10 minuta
Vrijeme pripreme: 35 minuta
Porcije: 4

Sastojci:
- 1 velika pureća prsa, bez kože, kostiju i narezana na kockice
- 1 šalica pilećeg temeljca s niskim sadržajem natrija
- 1 žlica kokosovog ulja, otopljenog
- 1 savojski kupus, nasjeckani
- 1 žličica čilija u prahu
- 1 žličica slatke paprike
- 1 režanj češnjaka, samljeven
- 1 žuti luk nasjeckan
- Prstohvat soli i crnog papra

Upute:
1. Zagrijte tavu s uljem na srednje jakoj vatri, dodajte meso i pržite 5 minuta.
2. Dodajte češnjak i luk, okrenite i pirjajte još 5 minuta.
3. Dodajte kupus i ostale sastojke, promiješajte, zakuhajte i kuhajte na srednjoj vatri 25 minuta.
4. Sve podijelite na tanjure i poslužite.

Prehrana: kalorija 299, masti 14,5, vlakna 5, ugljikohidrati 8,8, proteini 12,6

Piletina sa paprikom

Vrijeme pripreme: 10 minuta
Vrijeme pripreme: 30 minuta
Porcije: 4

Sastojci:
- 1 funta pilećih prsa, bez kože, bez kostiju i narezana na ploške
- 4 mladog luka, nasjeckanog
- 1 žlica maslinovog ulja
- 1 žlica slatke paprike
- 1 šalica pilećeg temeljca s niskim sadržajem natrija
- 1 žlica đumbira, naribanog
- 1 žličica origana, osušenog
- 1 žličica kumina, mljevenog
- 1 žličica pimenta, mljevenog
- ½ šalice cilantra, nasjeckanog
- Prstohvat crnog papra

Upute:
1. Zagrijte tavu s uljem na srednje jakoj vatri, dodajte mladi luk i meso te pržite 5 minuta.
2. Dodajte ostale sastojke, okrenite, stavite u pećnicu i pecite na 390 stupnjeva F 25 minuta.
3. Smjesu piletine i mladog luka podijelite na tanjure i poslužite.

Prehrana: kalorija 295, masti 12,5, vlakna 6,9, ugljikohidrati 22,4, proteini 15,6

Umak od piletine i senfa

Vrijeme pripreme: 10 minuta
Vrijeme pripreme: 35 minuta
Porcije: 4

Sastojci:
- 1 funta pilećih bataka, bez kostiju i kože
- 1 žlica ulja avokada
- 2 žlice senfa
- 1 ljutika, nasjeckana
- 1 šalica pilećeg temeljca s niskim sadržajem natrija
- Prstohvat soli i crnog papra
- 3 češnja češnjaka, mljevena
- ½ žličice bosiljka, osušenog

Upute:
1. Zagrijte tavu s uljem na srednje jakoj vatri, dodajte ljutiku, češnjak i piletinu te sve pržite 5 minuta.
2. Dodajte senf i ostale sastojke, lagano promiješajte, zakuhajte i kuhajte na srednjoj vatri 30 minuta.
3. Sve podijelite na tanjure i poslužite toplo.

Prehrana: kalorija 299, masti 15,5, vlakna 6,6, ugljikohidrati 30,3, proteini 12,5

Mješavina piletine i celera

Vrijeme pripreme: 10 minuta
Vrijeme pripreme: 35 minuta
Porcije: 4

Sastojci:
- Prstohvat crnog papra
- 2 kilograma pilećih prsa, bez kože, kostiju i narezanih na kockice
- 2 žlice maslinovog ulja
- 1 šalica nasjeckanog celera
- 3 češnja češnjaka, mljevena
- 1 poblano paprika, nasjeckana
- 1 šalica povrtnog temeljca s niskim sadržajem natrija
- 1 žličica čilija u prahu
- 2 žlice vlasca, nasjeckanog

Upute:
1. Zagrijte tavu s uljem na srednje jakoj vatri, dodajte češnjak, celer i poblano papriku, okrenite i kuhajte 5 minuta.
2. Dodajte meso, promiješajte i kuhajte još 5 minuta.
3. Dodajte ostale sastojke osim vlasca, zakuhajte i kuhajte na srednjoj vatri još 25 minuta.
4. Podijelite cijelu smjesu na tanjure i poslužite s vlascem posutim po vrhu.

Prehrana: kalorija 305, masti 18, vlakna 13,4, ugljikohidrati 22,5, proteini 6

Purica od limete s mladim krumpirom

Vrijeme pripreme: 10 minuta
Vrijeme pripreme: 40 minuta
Porcije: 4

Sastojci:
- 1 pureća prsa, bez kože, kostiju i narezana
- 2 žlice maslinovog ulja
- 1 funta mladog krumpira, oguljenog i prepolovljenog
- 1 žlica slatke paprike
- 1 žuti luk nasjeckan
- 1 žličica čilija u prahu
- 1 žličica ružmarina, osušenog
- 2 šalice pilećeg temeljca s niskim sadržajem natrija
- Prstohvat crnog papra
- Korica 1 limete, naribana
- 1 žlica soka od limete
- 1 žlica korijandera, nasjeckanog

Upute:
1. Zagrijte tavu s uljem na srednje jakoj vatri, dodajte luk, čili u prahu i ružmarin, promiješajte i pirjajte 5 minuta.
2. Dodajte meso i pržite još 5 minuta.
3. Dodajte krumpir i ostale sastojke osim cilantra, lagano promiješajte, zakuhajte i kuhajte na srednjoj vatri 30 minuta.
4. Podijelite smjesu na tanjure i poslužite s cilantrom posutim po vrhu.

Prehrana: kalorija 345, masti 22,2, vlakna 12,3, ugljikohidrati 34,5, proteini 16,4

Piletina sa senfom

Vrijeme pripreme: 10 minuta
Vrijeme pripreme: 25 minuta
Porcije: 4

Sastojci:
- 2 pileća prsa, bez kože, kostiju i narezana na kockice
- 3 šalice zelja senfa
- 1 šalica konzervirane rajčice, bez dodane soli, nasjeckane
- 1 glavica crvenog luka nasjeckana
- 2 žlice ulja avokada
- 1 žličica origana, osušenog
- 2 češnja češnjaka, mljevena
- 1 žlica nasjeckanog vlasca
- 1 žlica balzamičnog octa
- Prstohvat crnog papra

Upute:
1. Zagrijte tavu s uljem na srednje jakoj vatri, dodajte luk i češnjak i pržite 5 minuta.
2. Dodajte meso i pržite ga još 5 minuta.
3. Dodajte zelje, rajčice i ostale sastojke, okrenite, kuhajte 20 minuta na srednjoj vatri, podijelite na tanjure i poslužite.

Prehrana: kalorija 290, masti 12,3, vlakna 6,7, ugljikohidrati 22,30, proteini 14,3

Pečena piletina i jabuke

Vrijeme pripreme: 10 minuta
Vrijeme pripreme: 50 minuta
Porcije: 4

Sastojci:
- 2 kilograma pilećih bataka, bez kostiju i kože
- 2 žlice maslinovog ulja
- 2 glavice crvenog luka, narezane na ploške
- Prstohvat crnog papra
- 1 žličica majčine dušice, osušene
- 1 žličica bosiljka, osušenog
- 1 šalica zelenih jabuka, očišćenih od jezgre i narezanih na kockice
- 2 češnja češnjaka, mljevena
- 2 šalice pilećeg temeljca s niskim sadržajem natrija
- 1 žlica soka od limuna
- 1 šalica rajčice, narezane na kockice
- 1 žlica korijandera, nasjeckanog

Upute:
1. Zagrijte tavu s uljem na srednje jakoj vatri, dodajte luk i češnjak i pržite 5 minuta.
2. Dodajte piletinu i pržite još 5 minuta.
3. Dodajte majčinu dušicu, bosiljak i ostale sastojke, lagano promiješajte, stavite u pećnicu i pecite na 390 stupnjeva F 40 minuta.
4. Smjesu piletine i jabuka podijelite na tanjure i poslužite.

Prehrana: kalorija 290, masti 12,3, vlakna 4, ugljikohidrati 15,7, proteini 10

Chipotle piletina

Vrijeme pripreme: 10 minuta
Vrijeme pripreme: 1 sat
Porcije: 6

Sastojci:
- 2 kilograma pilećih bataka, bez kostiju i kože
- 1 žuti luk nasjeckan
- 2 žlice maslinovog ulja
- 3 češnja češnjaka, mljevena
- 1 žlica sjemenki korijandera, mljevenih
- 1 žličica kumina, mljevenog
- 1 šalica pilećeg temeljca s niskim sadržajem natrija
- 4 žlice chipotle čili paste
- Prstohvat crnog papra
- 1 žlica korijandera, nasjeckanog

Upute:
1. Zagrijte tavu s uljem na srednje jakoj vatri, dodajte luk i češnjak i pržite 5 minuta.
2. Dodajte meso i pržite još 5 minuta.
3. Dodajte ostale sastojke, okrenite, stavite sve u pećnicu i pecite na 390 stupnjeva F 50 minuta.
4. Podijelite cijelu smjesu na tanjure i poslužite.

Prehrana: kalorija 280, masti 12,1, vlakna 6,3, ugljikohidrati 15,7, proteini 12

Herbed Puretina

Vrijeme pripreme: 10 minuta
Vrijeme pripreme: 35 minuta
Porcije: 4

Sastojci:
- 1 velika pureća prsa, bez kostiju, kože i narezana na ploške
- 1 žlica nasjeckanog vlasca
- 1 žlica nasjeckanog origana
- 1 žlica nasjeckanog bosiljka
- 1 žlica korijandera, nasjeckanog
- 2 ljutike, nasjeckane
- 2 žlice maslinovog ulja
- 1 šalica pilećeg temeljca s niskim sadržajem natrija
- 1 šalica rajčice, narezane na kockice
- Sol i crni papar po ukusu

Upute:
1. Zagrijte tavu s uljem na srednje jakoj vatri, dodajte ljutiku i meso te pržite 5 minuta.
2. Dodajte vlasac i ostale sastojke, promiješajte, zakuhajte i kuhajte na srednje jakoj vatri 30 minuta.
3. Smjesu podijelite na tanjure i poslužite.

Prehrana: kalorija 290, masti 11,9, vlakna 5,5, ugljikohidrati 16,2, proteini 9

Umak od piletine i đumbira

Vrijeme pripreme: 10 minuta
Vrijeme pripreme: 35 minuta
Porcije: 4

Sastojci:
- 1 funta pilećih prsa, bez kože, kostiju i narezanih na kockice
- 1 žlica đumbira, naribanog
- 1 žlica maslinovog ulja
- 2 ljutike, nasjeckane
- 1 žlica balzamičnog octa
- Prstohvat crnog papra
- ¾ šalice pilećeg temeljca s niskim sadržajem natrija
- 1 žlica nasjeckanog bosiljka

Upute:
1. Zagrijte tavu s uljem na srednje jakoj vatri, dodajte ljutiku i đumbir, promiješajte i pržite 5 minuta.
2. Dodajte ostale sastojke osim piletine, promiješajte, zakuhajte i kuhajte još 5 minuta.
3. Dodajte piletinu, okrenite, pirjajte 25 minuta, podijelite na tanjure i poslužite.

Prehrana: kalorija 294, masti 15,5, vlakna 3, ugljikohidrati 15,4, proteini 13,1

Piletina i kukuruz

Vrijeme pripreme: 10 minuta
Vrijeme pripreme: 35 minuta
Porcije: 4

Sastojci:
- 2 funte pilećih prsa, bez kože, kostiju i prepolovljenih
- 2 šalice kukuruza
- 2 žlice ulja avokada
- Prstohvat crnog papra
- 1 žličica dimljene paprike
- 1 vezica mladog luka, nasjeckanog
- 1 šalica pilećeg temeljca s niskim sadržajem natrija

Upute:
1. Zagrijte tavu s uljem na srednje jakoj vatri, dodajte mladi luk, promiješajte i pržite ga 5 minuta.
2. Dodajte piletinu i pecite je još 5 minuta.
3. Dodajte kukuruz i ostale sastojke, okrenite, stavite posudu u pećnicu i pecite na 390 stupnjeva F 25 minuta.
4. Smjesu podijelite na tanjure i poslužite.

Prehrana: kalorija 270, masti 12,4, vlakna 5,2, ugljikohidrati 12, proteini 9

Curry puretina i kvinoja

Vrijeme pripreme: 10 minuta
Vrijeme pripreme: 40 minuta
Porcije: 4

Sastojci:
- 1 funta purećih prsa, bez kože, kostiju i narezanih na kockice
- 1 žlica maslinovog ulja
- 1 šalica kvinoje
- 2 šalice pilećeg temeljca s niskim sadržajem natrija
- 1 žlica soka od limete
- 1 žlica nasjeckanog peršina
- Prstohvat crnog papra
- 1 žlica crvene curry paste

Upute:
1. Zagrijte tavu s uljem na srednje jakoj vatri, dodajte meso i pržite ga 5 minuta.
2. Dodajte kvinoju i ostale sastojke, promiješajte, zakuhajte i kuhajte na srednjoj vatri 35 minuta.
3. Sve podijelite na tanjure i poslužite.

Prehrana: kalorija 310, masti 8,5, vlakna 11, ugljikohidrati 30,4, proteini 16,3

Puretina i kumin pastrnjak

Vrijeme pripreme: 10 minuta
Vrijeme pripreme: 40 minuta
Porcije: 4

Sastojci:
- 1 funta purećih prsa, bez kože, kostiju i narezanih na kockice
- 2 pastrnjaka oguljena i narezana na kockice
- 2 žličice kima, mljevenog
- 1 žlica nasjeckanog peršina
- 2 žlice ulja avokada
- 2 ljutike, nasjeckane
- 1 šalica pilećeg temeljca s niskim sadržajem natrija
- 4 češnja češnjaka, nasjeckana
- Prstohvat crnog papra

Upute:
1. Zagrijte tavu s uljem na srednje jakoj vatri, dodajte ljutiku i češnjak i pržite 5 minuta.
2. Dodajte puretinu, okrenite i kuhajte još 5 minuta.
3. Dodajte pastrnjak i ostale sastojke, promiješajte, pirjajte na srednjoj vatri još 30 minuta, podijelite na tanjure i poslužite.

Prehrana: kalorije 284, masti 18,2, vlakna 4, ugljikohidrati 16,7, proteini 12,3

Puretina i cilantro slanutak

Vrijeme pripreme: 10 minuta
Vrijeme pripreme: 40 minuta
Porcije: 4

Sastojci:
- 1 šalica konzerviranog slanutka, bez dodane soli, ocijeđen
- 1 šalica pilećeg temeljca s niskim sadržajem natrija
- 1 funta purećih prsa, bez kože, kostiju i narezanih na kockice
- Prstohvat crnog papra
- 1 žličica origana, osušenog
- 1 žličica mljevenog muškatnog oraščića
- 2 žlice maslinovog ulja
- 1 žuti luk nasjeckan
- 1 zelena paprika, nasjeckana
- 1 šalica nasjeckanog cilantra

Upute:
1. Zagrijte tavu s uljem na srednjoj vatri, dodajte luk, papriku i meso te pržite 10 minuta uz često miješanje.
2. Dodajte ostale sastojke, promiješajte, zakuhajte i kuhajte na srednjoj vatri 30 minuta.
3. Smjesu podijelite na tanjure i poslužite.

Prehrana: kalorija 304, masti 11,2, vlakna 4,5, ugljikohidrati 22,2, proteini 17

Puretina i curry leća

Vrijeme pripreme: 10 minuta
Vrijeme pripreme: 40 minuta
Porcije: 4

Sastojci:
- 2 funte purećih prsa, bez kože, kostiju i narezanih na kockice
- 1 šalica konzervirane leće, bez dodane soli, ocijeđene i isprane
- 1 žlica zelene curry paste
- 1 žličica garam masale
- 2 žlice maslinovog ulja
- 1 žuti luk nasjeckan
- 1 režanj češnjaka, samljeven
- Prstohvat crnog papra
- 1 žlica korijandera, nasjeckanog

Upute:
1. Zagrijte tavu s uljem na srednje jakoj vatri, dodajte luk, češnjak i meso te pecite 5 minuta, redovito miješajući.
2. Dodajte leću i ostale sastojke, zakuhajte i kuhajte na srednje jakoj vatri 35 minuta.
3. Smjesu podijelite na tanjure i poslužite.

Prehrana: kalorija 489, masti 12,1, vlakna 16,4, ugljikohidrati 42,4, proteini 51,5

Purica s grahom i maslinama

Vrijeme pripreme: 10 minuta
Vrijeme pripreme: 35 minuta
Porcije: 4

Sastojci:
- 1 šalica crnog graha, neslanog i ocijeđenog
- 1 šalica zelenih maslina, očišćenih od koštica i prepolovljenih
- 1 funta purećih prsa, bez kože, bez kostiju i narezana na ploške
- 1 žlica korijandera, nasjeckanog
- 1 šalica umaka od rajčice, bez dodatka soli
- 1 žlica maslinovog ulja

Upute:
1. Namažite posudu za pečenje uljem, posložite unutra ploške puretine, dodajte i ostale sastojke, stavite u pećnicu i pecite na 380 stupnjeva F 35 minuta.
2. Podijelite na tanjure i poslužite.

Prehrana: kalorija 331, masti 6,4, vlakna 9, ugljikohidrati 38,5, proteini 30,7

Kvinoja od piletine i rajčice

Vrijeme pripreme: 10 minuta
Vrijeme pripreme: 35 minuta
Porcije: 8

Sastojci:
- 1 žlica maslinovog ulja
- 2 funte pilećih prsa, bez kože, kostiju i prepolovljenih
- 1 žličica ružmarina, mljevenog
- Prstohvat soli i crnog papra
- 2 ljutike, nasjeckane
- 1 žlica maslinovog ulja
- 3 žlice umaka od rajčice s niskim sadržajem natrija
- 2 šalice kvinoje, već kuhane

Upute:
1. Zagrijte tavu s uljem na srednje jakoj vatri, dodajte meso i ljutiku i pržite 2 minute sa svake strane.
2. Dodajte ružmarin i ostale sastojke, okrenite, stavite u pećnicu i pecite na 370 stupnjeva F 30 minuta.
3. Smjesu podijelite na tanjure i poslužite.

Prehrana: kalorija 406, masti 14,5, vlakna 3,1, ugljikohidrati 28,1, proteini 39

Sve vrste pilećih krilaca

Vrijeme pripreme: 10 minuta
Vrijeme pripreme: 20 minuta
Porcije: 4

Sastojci:
- 2 kilograma pilećih krilaca
- 2 žličice pimenta, mljevenog
- 2 žlice ulja avokada
- 5 češnjaka, mljevenog
- Crni papar po ukusu
- 2 žlice vlasca, nasjeckanog

Upute:
1. U zdjeli pomiješajte pileća krilca s alevom paprikom i ostale sastojke i dobro promiješajte.
2. Rasporedite pileća krilca u posudu za pečenje i pecite na 400 stupnjeva F 20 minuta.
3. Podijelite pileća krilca na tanjure i poslužite.

Prehrana: kalorija 449, masti 17,8, vlakna 0,6, ugljikohidrati 2,4, proteini 66,1

Piletina i snježni grašak

Vrijeme pripreme: 10 minuta
Vrijeme pripreme: 30 minuta
Porcije: 4

Sastojci:
- 2 kilograma pilećih prsa, bez kože, kostiju i narezanih na kockice
- 2 šalice snježnog graška
- 2 žlice maslinovog ulja
- 1 glavica crvenog luka nasjeckana
- 1 šalica konzerviranog umaka od rajčice, bez dodane soli
- 2 žlice nasjeckanog peršina
- Prstohvat crnog papra

Upute:
1. Zagrijte tavu s uljem na srednje jakoj vatri, dodajte luk i meso te pržite 5 minuta.
2. Dodajte grašak i ostale sastojke, zakuhajte i kuhajte na srednjoj vatri 25 minuta.
3. Smjesu podijelite na tanjure i poslužite.

Prehrana: kalorija 551, masti 24,2, vlakna 3,8, ugljikohidrati 11,7, proteini 69,4

www.ingramcontent.com/pod-product-compliance
Lightning Source LLC
Chambersburg PA
CBHW070358120526
44590CB00014B/1179